民航安全检查实训

主　编　骆永华　王椤兰

副主编　黄　俊　胡　瑶　邓治方

科学出版社

北　京

内 容 简 介

本书将实际操作与理论相结合，根据当前民航安全检查形势，对民航安全检查各个环节的操作进行详细介绍。本书内容分为8章，包括民航安检人员的职业道德、民航安检工作、证件检查、人身检查、开箱包检查、航空危险品及其运输的相关知识、安检部门应急预案案例分析、安检常用英语等。

本书可作为各类院校航空服务与管理专业教材，也可作为社会力量办学、行业培训的教材。

图书在版编目（CIP）数据

民航安全检查实训/骆永华，王椤兰主编．—北京：科学出版社，2019.8
（2024.2 修订）
（“十四五”职业教育国家规划教材）
ISBN 978-7-03-062065-1

Ⅰ．①民…　Ⅱ．①骆…　②王…　Ⅲ．①民航运输-安全检查-教材
Ⅳ．①F560.81

中国版本图书馆 CIP 数据核字（2019）第 164673 号

责任编辑：高立凤　徐雁龙　袁星星 / 责任校对：马英菊
责任印制：吕春珉 / 封面设计：东方人华平面设计部

科学出版社出版
北京东黄城根北街 16 号
邮政编码：100717
http://www.sciencep.com
廊坊市都印印刷有限公司印刷
科学出版社发行　各地新华书店经销
*
2019 年 8 月第 一 版　开本：787×1092　1/16
2024 年 2 月第八次印刷　印张：7 1/4
字数：170 000

定价：39.00 元

（如有印装质量问题，我社负责调换〈都印〉）
销售部电话 010-62136230　编辑部电话 010-62135763-2013

前　言

近年来，随着经济的发展、社会的进步，我国民航业得到跨越式发展。“十四五”规划对我国民用航空发展提出了新理念、新要求，人民群众对航空安全便捷出行方式有了新期盼，因此民航业的快速发展需要大量思想品德高尚、素质优良、技能娴熟的民航服务型人才。

孟子曾经说过“利人莫大于教”，今天我们可以再加上一句“教重莫过于材”。教材对于教学的重要性是尽人皆知的，好的教材不会误人子弟，只会是“引曙光于世，播佳种在田”，成为指导学生高效学习的利器。培养专业的民航服务型人才，离不开好的学校和优秀的教师，也离不开与时俱进、内容新颖的精品教材。

在民航服务中，安全检查是防止劫机、炸机事件发生的首要关卡，对于维护旅客生命财产安全具有重大意义。为了适应民航业高速发展的需要，为了使学生更好地适应岗位要求，编者根据“民航安全检查实训”课程的要求，充分收集教师、学生的教学反馈，聘请行业专家进行研讨论证，精心编写了本书。本书注重实际操作与理论相结合，根据当前民航安全检查形势，对民航安全检查的各个环节进行详细介绍。通过学习本书，学生能够掌握民航安全检查专业技能，从而符合“民航五级安全检查员”的基本标准，达到安全检查所需的上岗资格要求。本书主要特色如下。

一、教材内容新颖

根据民航业最新动态和“民航安全检查员（五级）”理论与实际操作考核标准，丰富了新的教学内容，对民航最新的法律规范、民航安检工作的职业道德、人身检查方法、应急事件处置等内容进行了更新与补充，同时章节内容设置合理。

二、思政内容的融通

为了贯彻落实习近平总书记关于教育的重要论述和全国教育大会精神，贯彻落实中共中央办公厅、国务院办公厅《关于深化新时代学校思想政治理论课改革创新的若干意见》，本书把思想政治教育贯穿人才培养体系，发挥好每门课程的育人作用，积极引导学生成长，激发学生爱国、理想、正义、道德的正能量。

三、案例丰富、体验式教学内容

加强案例教学和体验式教学内容。个别章节设置了“读一读”等教学小栏目，体现了现代职业教育特色，以期提高学生分析、解决问题的能力。

本书由骆永华、王椤兰任主编，黄俊、胡瑶、邓治方任副主编，彭毅、冯利、王欢、李琴、张秋杰参与了编写工作，另外，重庆东之星航空服务有限公司的唐波、瞿雯、罗海燕、范建峰、张蓉深度参与行业调研、编写大纲和样章的撰写。校企协同开发教材，对提高学生职业化素养，为学校培养高技能型人才具有积极推动作用。

在本书的修订过程中，编者参阅了相关书籍和报刊，也借鉴了一些网络资源，在此一并表示感谢。

由于编者水平有限，书中不足之处在所难免，欢迎广大读者与我们联系（895399657@qq.com），共同探讨本课程的教学和研究。

《民航安全检查实训》教学指导方案

目　　录

第一章　民航安检人员的职业道德

中国共产党已走过百年奋斗历程。我们党立志于中华民族千秋伟业，致力于人类和平与发展崇高事业，责任无比重大，使命无上光荣。作为民航安检人员，务必不忘初心、牢记使命，务必谦虚谨慎、艰苦奋斗，务必敢于斗争、善于斗争，坚定历史自信，增强历史主动，谱写新时代中国特色社会主义更加绚丽的华章。

职业道德规范必须遵循党的二十大方针，坚持马克思列宁主义、毛泽东思想、邓小平理论、“三个代表”重要思想、科学发展观，全面贯彻习近平新时代中国特色社会主义思想，全面贯彻党的基本路线、基本方略。

职业道德规范是人们在职业活动中应遵循的特定职业规范和行为准则，即正确处理职业内部、职业之间、职业与社会之间、人与人之间关系时应当遵循的思想和行为准则。职业道德规范是在职业环境和职业实践中形成和发展的，是一般社会道德规范在不同职业中的特殊表现形式。职业道德规范不仅是从业人员在职业活动中的行为标准和要求，还是该行业对社会所承担的道德责任和义务，是社会道德规范在职业生活中的具体化。

职业道德规范是职业道德的基本内核，是人们对职业劳动中必须遵守的基本行为准则的概括和提炼，是人们在长期职业劳动中反复积累而逐步形成的。职业道德教育的根本任务是提高受教育者的职业素养，调整其职业行为，使受教育者树立敬业精神和职业荣誉感，遵守严明的职业纪律。

具有良好的职业道德是安全检查人员（以下简称安检人员）保障安全的前提。即使是安全检查（以下简称安检）技术非常先进，若安检人员职业道德欠缺依然会埋下安全隐患。

第一节　民航安检人员的职业道德素养

近十年来，我国改革开放和社会主义现代化建设取得巨大成就，党的建设新的伟大工程取得显著成效，为民航安检人员继续前进奠定了坚实基础、创造了良好条件、提供了重要保障。

在我国，民航安检人员的职业道德素养是社会主义职业道德在民航职业活动中的具体体现，既是民航安检人员处理职业活动中各种关系的行为准则，也是衡量安检人员行为优劣的标准。鉴于民航安检岗位的重要性和特殊性，民航安检人员应具备以下四方面的职业道德素养。

一、具有民航风险忧患意识

从 20 世纪 60 年代起，国际上劫机、炸机事件时有发生，甚至还出现过“9・11”等恐怖袭击活动。民航空防[①]安全的风险和威胁无时不在，世界上众多国家相继采取了严密的防范措施。因此，每个民航安检人员必须牢固树立风险忧患意识，杜绝麻痹大意、侥幸心理，时刻保持高度警惕，将一切安全隐患和危机消灭在萌芽状态（图 1-1）。

图 1-1 仔细检查

二、具有民航安全责任意识

每个民航安检岗位，都与旅客的生命和财产安全息息相关。所谓“航空安全手中过，时刻保持责任心”，安检人员必须时刻高度保持清醒的头脑，深刻认识当前空防形势和肩负的安全责任，做到身处其岗、心系空防，坚持空防安全的操作流程，有效预防和制止人为的非法干扰民用航空的犯罪行为，贯彻总体国家安全观，以坚定的意志品质维护国家主权、安全、发展利益；履行空防安全职责，确保每一次任务的绝对安全（图 1-2），国家安全得到全面加强。

① 空防，从词义讲就是空中防线，如同陆地有边防、海上有海防等。

图 1-2 深化民航安全责任意识

三、具有文明服务意识

民航安检人员的工作岗位特殊，长年累月地与世界各地旅客接触，一言一行代表着中国民航形象，也影响着国家和民族的声誉。因此，每个民航安检人员都要围绕党的二十大精神，深入贯彻以人民为中心的发展思想。每个民航安检人员都要自觉摆正安检与文明执勤服务的关系，明白个人形象与国家民族声誉的关系，杜绝不文明的检查行为，执勤时做到“仪态美、行为美、语言美”，树立民航安检队伍优秀的文明形象（图 1-3），让人民群众获得感、幸福感、安全感更加充实，更有保障，更可持续。

图 1-3 文明执勤、优质服务

四、具有爱岗敬业观念

民航安检职业的特殊性，要求安检人员必须把确保空防安全放在职业道德规范的第一位，要求广大安检人员具有强烈的事业心、高度的责任感和精湛的技术能力，具有严格的组织纪律观念和高效率、快节奏的工作作风，具有良好的思想修养和服务意识，具有爱岗敬业精神。从民航安检岗位所处的特殊环境看，民航安检人员必须正确看待和应对三个考验：一是严峻的空防形势考验；二是繁重的岗位工作考验；三是个人利益得失的考验。每个民航安检人员要在岗位上尽忠职守，经受考验，视空防安全为自己的生命，树立“亏了我一个，造福民航人”的高尚思想境界，热爱民航安检岗位，乐于无私奉献，力争在这个平凡的岗位上将简单的事做到极致。

第二节 民航安检人员的职业道德规范

一、爱岗敬业、忠于职守

爱岗敬业、忠于职守就是热爱自己的本职工作，忠实地履行职业责任。

爱岗敬业、忠于职守是民航安检人员最基本的职业道德素养，它的基本要求是：民航安检人员要以忠诚于国家和人民为己任，认真履行自己的职业责任和职业义务。具体要求如下：一是认真履行岗位任务，认真做好本职工作，不论是证件检查，进行旅客人身和行李物品检查，还是监护飞机等，都要做到兢兢业业、忠于职守；二是正确认识个人与民航整体间的关系，先国后家，先公后私，积极建言献策，主动担当，自觉为空防安全排忧解难，时刻牢记为人民服务的宗旨，对旅客负责，维护国家形象；三是要做好以苦为伴的思想准备，筑建“牺牲小我，奉献大众”的民航意识；四是杜绝玩忽职守、麻痹大意，安检人员粗心大意不仅会影响民航运输工作的开展、人民群众的生命及财产安全，还可能威胁国家安全和社会稳定，造成难以估量的损失。

二、钻研业务、提高职业技能

职业技能，也称职业能力，是人们在职业活动中必须具备的业务能力，具体包括处理业务的能力、实际操作能力、技术能力及相应的理论知识应用能力等。

钻研业务、提高职业技能是民航安检人员职业道德素养的重要内容。提升职业技能能够保证工作质量和提高工作效率，从而更好地维护人民群众的利益。民航安检是一项专业性较强的工作，涉及旅客证件检查、开箱包检查、人身检查等。旅客携带的行李物品种类繁多，可能暗藏管制刀具、武器、易燃易爆物品、传染性物品、腐蚀性物品，以及其他违禁物品。民航安检人员要想熟练地从繁杂的物品中准确无误地检查出是否有各类违禁物品，必须具备较强的职业技能。

民航安检人员应提高业务水平，下大力气抓好三项基本功的训练。一是加强安检基础理论的学习，如安检法规理论、防爆排爆基础理论、民航运输基础理论、计算机操作知识、法律基础知识、常用英语实用知识、心理学基础知识、外事知识、风土人情及礼仪知识等。二是掌握精湛的业务操作技能。无论是证件检查、X 射线安检仪检查、人身检查，还是开箱包检查、飞机监护与清查，都是技术密集型工作，民航安检人员应努力成为岗位能手，在技能上精益求精，成为岗位技术标兵。三是掌握现场应急处置技能。安检现场是成千上万旅客流动的场所，随时可能发生突发事件，提高民航安检人员现场应急处置能力显得极其重要（图 1-4）。

三、遵纪守法、严格检查

每个民航安检人员都必须遵守与职业活动相关的法律法规和职业纪律，以确保社会主义民主政治制度化、规范化、程序化全面推进，人民当家作主更为扎实，全面依法治国总体格局基本形成。遵纪守法、严格检查的基本要求有以下几点：一是安检人员在安检过程中，必须做到依法检查和按既定的工作流程进行检查；二是安检人员要自觉遵守各项法律、法规；三是在安检工作中，安检人员要做到每道工序、每个环节都一丝不苟，严把验证检查、人身检查、行李物品检查、飞机监护与清查等各道关口，做到防患于未然，将安全隐患消灭在萌芽状态，保障航班安全。

四、文明执勤、热情服务

文明执勤、热情服务是安检人员职业道德规范的重要内容。文明执勤、热情服务体现在以下三个方面。一是端正服务态度。安检人员要以饱满的热情投入工作，杜绝冷漠与高傲。二是规范化服务。安检人员在执勤时要仪态大方、得体，言语和气。三是必须严格检查、文明服务。安检人员要用文明执勤的姿态、举止、语言和行为，塑造民航安检的文明形象，赢得社会各界的认可（图 1-5）。

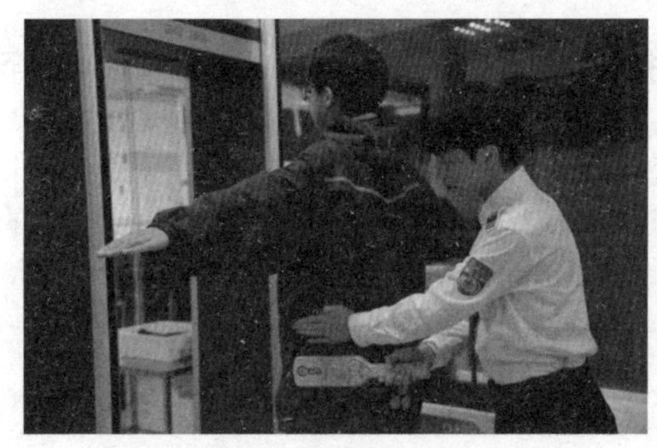

图 1-4　熟练业务操作

图 1-5　文明执勤

五、团结友爱、协作配合

要遵循团结友爱、协作配合的职业道德规范，必须做到平等尊重、顾全大局、互相学习、加强协作。对于民航安检人员来说，只有团队间密切配合、合作无间，才能为空防安全筑起一道坚不可摧的钢铁防线（图 1-6）。全体安检人员应紧密凝聚成坚强的集体，为祖国民航事业的腾飞贡献力量。

图 1-6　团结友爱、协作配合

第三节　民航安检人员职业道德养成的基本途径

一、抓好职业理想信念的树立

安检人员良好的职业理想信念和职业道德境界，是职业道德养成的思想基础。要坚持中国共产党领导，坚持中国特色社会主义，实现高质量发展。要坚持用马克思主义道德观和中国特色社会主义理论武装头脑，用科学的理论教育人，用正确的舆论引导人，用高尚的情操陶冶人，与腐朽的消极的职业道德观划清界限，自觉抵制错误职业道德的影响，树立正确的职业理想和人生信念，把个人的世界观、人生观、价值观与民航安检事业统一起来，立志为空防安全而奋斗。

二、注重职业道德责任的锻炼

所谓职业道德责任，是指从事职业的个人对服务对象、集体和社会所应承担的社会责任和义务。每个民航安检人员都应对安检职业忠于职守。尽职尽责与麻木不仁、玩忽职守是两种对立的职业道德责任表现。只有建立职业道德责任制，将安检人员职业道德规范责任到岗位，责任到每个员工，贯穿落实到安检工作全过程，形成层层落实的责任机制，职业道德规范才能逐步转变成每个员工的自觉习惯，高度的职业道德责任才能在每个员工的心里逐步扎根。

三、加强职业纪律的培养

职业纪律是职业道德养成的必要手段，是保证职业道德规范成为人们行为规范的有效措施。职业道德靠社会舆论、内心信念、传统习惯来调整人与人、人与社会的关系，而职业纪律靠强制性手段让人们服从，具有一定的强制约束力。建立一套严明的安检职业纪律约束机制，培养令行禁止的职业纪律，是加强安检人员职业道德养成的重要途径。对自觉遵守职业道德规范成效显著的人员要公开给予表彰宣扬，对职业道德素养严重错位失范，造成恶劣影响的人员，除进行必要教育引导外，还应视情节给予纪律处罚，充分发挥职业纪律的惩戒教育和强制约束的作用。

四、强化职业道德行为修养

职业道德行为修养，是指安检人员在安检实践活动中，按照职业道德基本原则的规范内容，在个人道德品质方面自我锻炼、自我改造，形成高尚的道德品质和崇高的思想境界，将职业道德规范自觉转化为个人内心要求和坚定的信念，形成良好的行为习惯。我们坚持打铁必须自身硬，落实新时代党的建设总要求，以党的政治建设统领党的建设各项工作。周恩来制定的“自我修养要则”七条，成为他一生始终如一、严格自律的标准，为我们道德修养树立了光辉典范。每一位安检人员应自觉以职业道德规范“慎独”修养自己的言行，尤其是在无人监督的情况下，严格约束自己，自觉成为职业道德的模范。

读一读

2021 年 10 月 25 日，中国国际航空股份有限公司（Air China Limited）工程技术分公司重庆维修基地执管飞机 B-2700 回渝航后，该机乘务长反映飞机上左后厕所马桶堵塞，严重影响了客舱旅客的乘机环境。闻言，当日航线一车间值班班组长马××立即上机观察故障。当他打开飞机左后厕所门的一瞬间，一股让人难以忍受的恶臭扑鼻而来。然而，马××仅皱了皱眉头，硬是强忍着恶臭，蹲在马桶边上仔细观察。但是，由于污物实在太多，仅靠观察根本就发现不了堵塞原因，必须将堵塞在马桶里的污物舀出来后才能进一步探究堵塞的真正原因。于是，马××二话没说，立即赶回航线值班室借出修理工具、橡胶手套、纸杯、口罩以及大塑料袋等，回到飞机上开始用手舀出污物。要知道，在这种环境下，仅凭简易口罩根本避免不了这些刺鼻气味的侵袭，然而，对于马××来说，这种情况在他几十年的工作生涯中已经习以为常了。经过十几分钟的努力，马桶里的污物已经舀得差不多了，随即，堵塞马桶的元凶也终于水落石出。原来，仅仅只是一个洗手液瓶卡在了管道中。马××松了一口气，小心翼翼地取出瓶子，然后进行多次冲水测试，终于确认该故障排除，马桶恢复正常后，他并没有抱怨工作的辛苦，反而是非常庆幸地说：“幸亏只是东西卡住了，如果是元件或者管路出现故障，那问题就大了，说不准，明天的航班都会有影响呢。”作为一名合格的民航工作者，不仅要保障飞机的飞行安全，坚持安全这根弦不放松，还要把“服务”的理念放在心中，保证旅客以及飞行工作人员在航班运行期间的舒适性。马××，一个普普通通的民航工作者，在自己的工作岗位上坚守着一份职责，坚守着对生命负责，对安全负责，对旅客服务负责的从业精神，深刻诠释了职业道德的内涵。

思考题

1. 民航安检人员要提高业务水平，必须抓好的三项基本功是什么？

2. 民航安检人员的职业道德规范包括哪些内容？

3. 比较图 1-7 中（a）、（b）两张图片，谈谈哪张图片更符合文明服务的民航安检人员的特点，并说明原因。

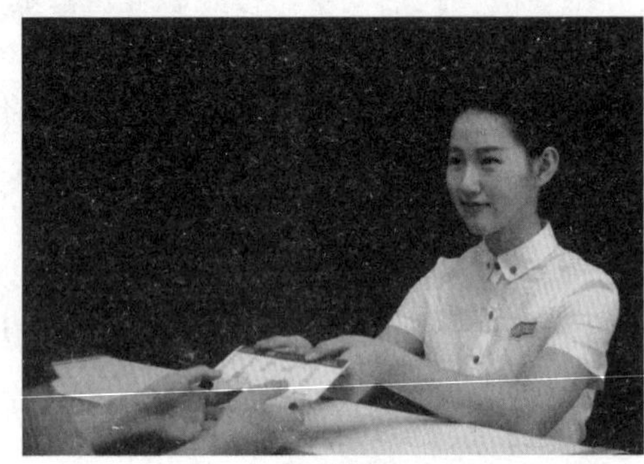

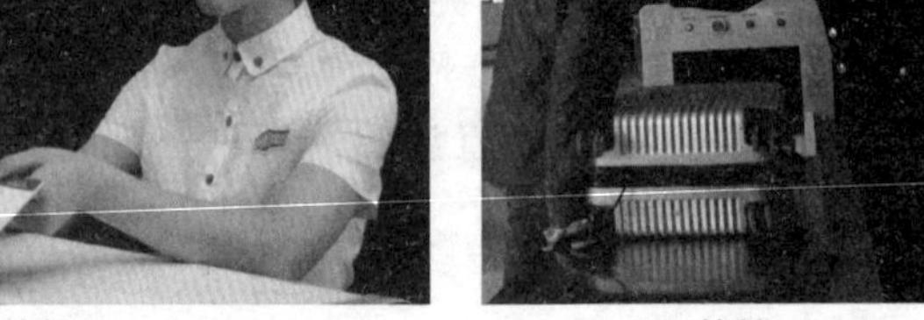

（a）情景一　　（b）情景二

图 1-7　民航安检人员服务情景

第二章　民航安检工作

国家安全是民族复兴的根基，社会稳定是国家强盛的前提。因此，民航安检工作的开展必须坚定不移地贯彻总体国家安全观，把维护国家安全贯穿民航安检工作各方面全过程，坚决维护国家安全和社会稳定。

民航安检工作是民航安全保卫工作的重要组成部分，是防止劫机、炸机事件发生的首要环节，对于维护旅客生命、财产安全和保障民航运输安全具有重大意义，也是推进国家安全体系和能力现代化的具体体现。

第一节　民航安检工作概述

一、民航安检的概念

民航安检（图 2-1）是指在民用机场实施的为防止劫机、炸机和其他危害航空安全事件发生，为保障旅客、机组人员和飞机安全而采取的一种强制性的技术性检查，它主要包含以下几点含义。

（a）

（b）

图 2-1　安全检查

1）民航安检是为了预防劫机、炸机而采取的一种手段，其核心目的是确保人员和财产安全。

2）民航安检是世界范围内约定俗成的安全保障措施，是国际航空安全系统的一个重要环节。

3）民航安检的对象包括乘机旅客及其行李物品、机场工作人员、货物、邮件及其他需要进行安全检查的人和物。

4）民航安检的主要目的是发现一切可用作劫机、炸机或危及人身安全的违禁物品，如枪支、弹药、爆炸装置、各种刀具及其他易燃、易爆、腐蚀性、放射性物品等；其次，安检部门还要会同海关、边防协查走私物品、毒品，防止被通缉的嫌疑人员出逃等。

二、民航安检的性质

1）民航安检是由专业安检队伍在特定的环境条件下，依照国家法律、法规授权进行的强制性行为，具有强制性和专业技术性的特点。

2）民航安检是民航空防安全保卫工作的重要组成部分。民航运输的安全，主要是指飞行安全和空防安全，这是民航需要承担的最大责任。

3）民航安检的管理体制和组织形式，在不同国家、不同时期有所不同。目前，世界上民航安检主要有三种形式：第一种是由警察或宪兵承担，如瑞士的日内瓦机场是由宪兵负责安检工作；第二种是由机场雇请安全公司或保安公司，如香港国际机场就是雇请安全公司负责安检工作的；第三种是由民航公司负责组织专业队伍承担安检工作，如英国现行的组织形式。在我国，不同时期安检的组织形式也不尽相同：第一阶段（初期阶段），是由边防检查站负责对乘坐国际航班的旅客进行安检；第二阶段（安全检查全面展开），是由民航保卫部门实施；第三阶段，成立武警安全检查站，由武警部队负责实施；第四阶段（20 世纪 90 年代后），由于部队负责这项工作已不适应形势，安检工作移交至民航。

三、民航安检的工作内容

民航安检的工作内容包括对民用航空器的乘客及其行李，进入候机楼隔离区的其他人员及其物品，以及空运货物、邮件的检查；对候机隔离区的人员、物品进行安全监控；对执行飞行任务的民用航空器实施监护（图 2-2）。

（a）

（b）

图 2-2　民航安检

四、民航安检工作的原则

民航安全技术检查工作应当坚持“安全第一、严格检查、文明执勤、热情服务”的原则，在具体工作中应做到以下几点：

（1）安全第一，严格检查

确保安全是安全技术检查的宗旨和根本目的，而严格检查则是实现这个目的的手段和对安检人员的要求。所谓严格检查，是指严密地组织勤务，执行各项规定，落实各项措施，以对国家和乘客高度负责的精神，牢牢把好安全技术检查、飞机和监护等关口，切实做到证件不符不放过，安全门报警不排除不放过，X射线安检仪图像判断不清不放过，开箱包检查不彻底不放过，以确保飞机和旅客的安全。

（2）坚持制度，区别对待

国家法律、法规以及有关安全技术检查的各项规章制度和规定，是指导安全技术检查工作的实施和处理各类问题的依据，必须认真贯彻执行，决不能有法不依、有章不循。同时，还应根据特殊情况和不同对象，在不违背原则和确保安全的前提下，灵活处理各类问题。通常情况下，对各类旅客实施检查，既要一视同仁，又要注意区别，明确重点，有所侧重。

（3）内紧外松，机智灵活

内紧是指安检人员要有敌情观念，要有高度的警惕性和责任心、紧张的工作作风、严密的检查程序，要有处置突发事件的应急措施等，让犯罪分子无空可钻。外松是指检查时要做到态度自然，沉着冷静，语言文明，讲究方式，按步骤有秩序地工作。机智灵活是指在错综复杂的情况下，安检人员要有敏锐的观察力和准确的判断力，善于分析问题，从受检人员的言谈举止、行装打扮和神态表情中，察言观色，发现蛛丝马迹，不漏掉任何可疑人员和物品。

（4）文明执勤，热情服务

机场是地区和国家的窗口，安全技术检查是机场管理和服务工作的一部分。安检人员要树立全心全意为旅客服务的思想，要实现好、维护好、发展好广大旅客的根本利益，紧紧抓住旅客最关心最直接最现实的利益问题，坚持尽力而为、量力而行。要做到检查规范，文明礼貌；要着装整洁，仪表端庄；举止大方，说话和气。在确保安全、不影响正常工作的前提下，尽量为旅客排忧解难。对伤、残、病旅客予以优先照顾，不能伤害旅客自尊心，对孕妇、幼童、老年旅客也要尽量提供方便，给予照顾。

五、民航安检的法律特征

民航安检的法律特征：民航安检部门有行政法规的执行权但无处罚权。

民航安检部门是为保障空防安全而建立的带有服务性质的单位。民航安检队伍是一支具有专业技术的职工队伍，执行国家法律及国务院、中国民用航空局（以下简称民航局）、公安部等为保证航空安全而发布的有关行政法规和规章。因此，民航安检带有行政执法的性质。安检部门作为民航的一个基本单位，属于企业的一个部门或子公司，而不属于行政机关，从这方面来讲，它不具备行政处罚权，即不能行使拘留、罚款、没收的权力。

六、民航安检工作的基本程序要求

民航安检人员必须熟悉安检工作的基本程序，知晓安检的具体要求，保障安检工作的顺利开展。

1）安检负责人在正式进行安检工作前，应该提前了解该工作时段的航班动态，根据机场或上级部门的整体工作部署进行工作安排，提出工作要求及注意事项。

2）安检时，安检人员要提醒旅客提前准备好身份证（或其他有效身份证明）和登机牌（图 2-3），依次排队，进行证件检查，确认证件齐全且无误后请旅客通过安全门，对于有疑点或需要再次确认的则需要进行手工检查。

图 2-3　检查证件和登机牌

3）安检人员依次对旅客的随身行李物品、托运行李通过 X 射线安检仪进行检查。当 X 射线安检仪成像不清，需要再次确认或发现可疑物品时，安检人员应进行开箱包检查。当无仪器设备或仪器设备发生故障时，安检人员应当进行手工检查。

4）在对旅客进行安检的同时，应有专员在候机隔离区巡视，对等待登机的旅客实施监管，防止其与未经安检的人员接触。

5）在航空器监护岗位，安检人员应提前到岗，对执行任务的航空器进行安全检查及保护；严格检查靠近航空器的人员、车辆的通行证件；密切关注周围环境，防止无关人员和车辆进入监护区。

6）在旅客登机时，安检人员应维持现场秩序，防止未经安检的人员或物品进入民用航空器。如遇特殊情况，经上级批准可对航空器进行清舱。

7）各民航安检勤务部门须认真记录每日的工作情况及安检仪器的使用情况，并做好交接班记录。

第二节　民航安检现场岗位执勤规范

一、验证检查岗位执勤规范

1）安检人员在工作中应注意自身职业形象，尽职尽责，举止得体，不得在岗位上从事与工作无关的事情。

2）合理控制验证检查速度，保持安检通道的畅通。

3）验证检查时，安检人员双手接、递旅客交验的身份证件和登机牌等，核对无误后加盖验讫章。

4）坚持执行“一米黄线”制度，礼貌待客。旅客来到验证检查台前，须向旅客问好；若旅客主动问候，应当礼貌回应。

5）对旅客的询问应耐心解答，对旅客提出的意见和建议应虚心接受并及时反馈，对超出权限的问题应及时请示值班领导。

二、前传引导检查岗位执勤规范

1）自觉使用文明用语引导旅客接受检查。

2）请旅客取出身上的小件物品，并通过 X 射线安检仪进行检查。

3）控制好旅客过检速度，严格复核登机牌是否盖章，确保旅客通过安全门后逐一接受人身检查。

4）提醒旅客如数取回物品，如发现旅客遗留物品，应及时移交，避免发生物品被错拿、丢失等差错。

5）及时回收托盘，不得有砸、摔、扔等不当行为；及时清理杂物，保持工作现场卫生。

前传引导检查岗位规范

三、人身检查岗位执勤规范

1）上岗前，检测通过式安全门和手持金属探测器，确保设备正常工作。

2）对于通过安全门时安全门报警的旅客，安检人员根据报警的部位进行手工复查（图 2-4）（检查须细致、准确、到位），直至排除疑点。

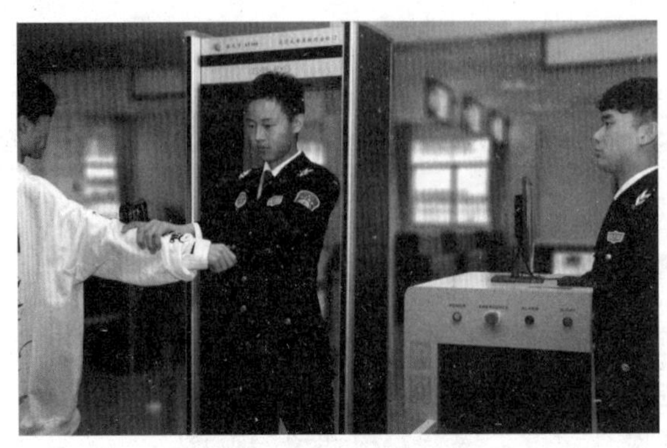

图 2-4　手工复查

3）提高警惕，注意观察，对通过安全门时安全门未报警的旅客保持一定的抽查和复查比例，查控易燃易爆品、毒品等非金属违禁物品和危险物品。

4）检查完毕，提醒旅客取回自己的行李物品，不发生漏检和旅客物品被错拿、损坏、丢失等差错。

5）手持金属探测器暂不使用时，须存放在指定位置。

6）协助回收托盘，不得有砸、摔、扔等不当行为。

7）勤务结束，检查设备是否关闭，将探测器收回，充电备用。

四、X 射线安检仪操作岗位执勤规范

1）领取钥匙，接通电源，打开设备，检查设备运行是否正常。

2）注意执勤姿态，集中精神，认真分析图像，严密查控违禁物品。

3）发现图像模糊不清或因角度问题无法准确判断的，应立即指令开箱包检查人员实施开箱包检查。

4）加强对液态、粉末、块状物品的分析检查，注意查控汽油、酒精、炸药等易燃易爆物品。

5）注意观察，合理控制行李通过速度，防止物品被挤压受损和堵塞通道。

6）发现设备运行不正常的，要及时报告。

7）勤务结束，关闭设备，切断电源，整理操作台，并将钥匙放回原处。

五、开箱包检查岗位执勤规范

1）开箱包检查人员根据 X 射线安检仪操作员的指令开展工作，注意观察，密切配合，对可疑箱包实施手工开箱包检查。

2）开箱包检查时，必须有物主在场，非重大违禁物品，须在告知物主后由物主打开箱包进行开箱包检查。

3）查出的违禁物品应控制在自己手中，严禁随意放置在工作台面上；已经检查过的行李物品须重新过 X 射线安检仪检查。

4）违禁物品应按规定进行分类处理，对于查处到的不用依法移交民航公安机关的物品，应告知物主可以采取自弃、退回等措施妥善处理。

5）注意及时疏通行李和回收托盘，不得有砸、摔、扔等不当行为。对于无人领取的行李或物品，要及时移交处理。

6）及时整理工作台面，处理垃圾。

7）勤务结束后，清点违禁物品，并在核对统计后集中交存。

第三节　我国有关航空安检法律法规

全面依法治国是国家治理的一场深刻革命，关系党执政兴国，关系人民幸福安康，关系党和国家长治久安。必须更好发挥法治固根本、稳预期、利长远的保障作用，在法治轨道上全面建设社会主义现代化国家。

我国坚持走中国特色社会主义法治道路，建设中国特色社会主义法治体系、建设社会主义法治国家，围绕保障和促进社会公平正义，坚持依法治国、依法执政、依法行政共同推进，坚持法治国家、法治政府、法治社会一体建设，全面推进科学立法、严格执法、公正司法、全民守法，全面推进国家各方面工作法治化。

一、民航安检法规的概念

民航安检法规是指国家立法机关和行政机关依据法律和政策制定的、实施民航安全技术检查的法律、条例、规章、规定、办法、规则等规范性文件的总称。民航安检法规是民航安检部门实施技术检查的法律依据，是民航安全的重要保障。

二、民航安检法规的特点及作用

1. 民航安检法规的特点

民航安检法规是实施安全技术检查的法律依据，具有规范性、强制性、专业性和国际性等特点。

1）工作流程的规范性。规范即标准，民航安检工作是一项政策性较强的工作，安检人员在处理问题时必须有法可依、有据可循。

2）执行的强制性。民航安检法规由国家机关制定，由国家强制力保证实施，对所有旅客具有法律效力和约束力。如果旅客有所违反，可视情节追究其法律责任。

3）工作的专业性。民航安检法规规定了安检工作的业务范围、方针、原则，以及处罚、处置的管理措施等，具有较强的专业性。

4）效力范围的国际性。我国的民航安检法规是根据国际公约及与航空安全有关的其他公约，按国际标准和建议制定的，适用于在我国任何机场乘坐民航班机的中、外籍乘机旅客。

2. 民航安检法规的作用

民航安检法规是民航安检部门进行安检的法律依据，是安检人员依法行使检查权、保障乘机旅客合法权益、确保民航安全的重要武器。民航安检法规的作用主要表现在以下几个方面。

1）法律规范作用。法律规范为人们提供了一个标准和尺度，是人们共同遵守的行为准则。从安全技术检查方面来讲，民航安检法规为安检人员和乘机旅客提供了标准和尺度，保证了空防安全和民航运输业的发展。

2）业务指导作用。民航安检法规是民航安检工作的理论指导和规范指导。安检工作是民航安全工作的重要组成部分，其业务性和政策性较强。安检人员只有把民航安检法规作为安检工作的行为准则，以民航安检法规为依据去开展工作，严格检查，依法处理工作中遇到的问题，才能实现民航安检工作的规范化、法治化。

3）惩罚约束作用。一方面，民航安检法规对乘机旅客具有约束力，不管乘机旅客愿意与否都必须接受安检，以查验乘机旅客是否携带危险物品和违禁物品。另一方面，民航安检法规明确规定了安检范围，安检人员在查出违禁物品时，应根据有关规定进行处理。

三、《中华人民共和国民用航空安全保卫条例》的相关内容

《中华人民共和国民用航空安全保卫条例》是为了防止对民用航空活动的非法干扰，维护民用航空秩序，保障民航安全而制定的行政法规。该条例于 1996 年 7 月 6 日由国务院发布，后根据 2011 年 1 月 8 日《国务院关于废止和修改部分行政法规的决定》进行了修订，其内容分为 6 章共 40 条，详见附录 2。该条例的处罚机关是机场公安机关。

读一读

民航安全检查员资格证书介绍

民航安全检查员是在机场、航空公司从事客、货运安全检查和管理的专业人员。需要掌握安全检查法规、犯罪心理、防火防爆、安检英语、X 光图像识别、民航安全管理、安检设备管理维护等专业知识与技能，必须经过培训、考试、鉴定取得证书后方可从事“民航安全检查员”工作岗位。

民航安全检查员证书是机场安检岗位必需的上岗基本证件，它适用于全国各大机场最高级别的安检场合。民航安全检查员是民航局特种稀缺技能工种，它分为四个等级：初级，五级民航安全检查员（国家职业资格五级）；中级，四级民航安全检查员（国家职业资格四级）；高级，三级民航安全检查员（国家职业资格三级）；技师，二级民航安

全检查员（国家职业资格二级）。

该证书由人力资源和社会保障部颁发，中国民用航空局人事科教司、中国民用航空局职业技能鉴定指导中心单位盖双章。

思考题

1. 简述民航安检工作的内容和程序。
2. 简述民航安检现场岗位执勤规范。

第三章 证件检查

证件检查是安检工作的主要内容，也是安检人员必备的基本能力之一。安检人员负责检查旅客的有效身份证件、客票、登机牌等，识别相关证件有无涂改、伪造，有无人员冒名顶替及使用其他无效证件等。

第一节 证件检查的工作准备

一、证件检查的基本操作

验证检查员应按章操作、文明执勤，确保乘机旅客手续齐全，防止乘机手续不全、持假证件及冒用证件的人员及民航公安机关布控、协查的犯罪嫌疑人乘机。证件检查工作的实施步骤如下：

1）验证检查员应按时到岗，做好工作准备，并按以下内容办理交接班手续：上级的文件、指示；执勤中遇到的问题及处理结果；设备的使用情况；遗留问题及需要注意的事项等。

2）验证检查员到达验证检查岗位后，将安检验讫章放在验证检查台相应的位置，开始进入待检状态。

3）检查安检信息系统是否处于正常工作状态，并输入账号进入待检状态。

二、验讫章使用注意事项

验讫章使用管理规定：验讫章实行单独编号、集中管理，落实到各班组使用；验讫章不得带离工作现场，遇有特殊情况确需带离时，必须经安检部门值班领导批准。

近年来，随着科技的发展，乘机旅客办理值机手续的方式也日渐多样化。除了柜台值机的传统方式外，旅客还能网上值机，用机场的自助值机柜台自行打印登机牌；甚至可以持手机电子登机牌直接过安检，实现值机、安检同步进行。办理值机手续虽然有多种途径，但无论如何，旅客还是要持加盖安检验讫章的登机牌或获取电子安检章才能登机。

2021 年 11 月 17 日 11:00 左右，黄先生在国内某机场 B 区安检 6 号通道过安检时，安检员请黄先生出示登机牌及有效身份证件，黄先生就把手机截图拿给安检员看。原来黄先生在乘机的前一天用手机进行了网上值机，并把含有网上乘机手续登机牌的网页保存了下来。当安检员要求其出示登机牌时，黄先生就把这个页面调出来当登机牌使用。事实上，黄先生拿这样的登机牌乘机是行不通的。安检员向黄先生解释道："旅客在网上办理乘机手续，必须在网上或机场把登机牌打印出来，并在过安检时出示，配合检查盖章，方可作为有效的登机凭证。"随后安检员又把网上值机登机牌上"登机牌加盖安检验讫章方可登机，航班登机闸口于航班起飞前 15 分钟关闭"的字样指给黄先生看。最后，黄先生到航空公司的柜台重新打印了登机牌才通过了安检。

安检部门特别提醒，无论是在机场自助值机还是网上值机，旅客都要把登机牌打印出来。如果是要使用手机二维码电子登机牌，也只有达到相应条件的旅客和具备相应服务功能的机场或航空公司，才能在过安检时使用手机二维码电子登机牌，并获取电子安检章。

证件检查工作步骤

第二节 乘机有效身份证件及机场控制区各类通行证件

一、乘机有效身份证件

按照中华人民共和国公安部（以下简称公安部）、民航局有关规定，乘机有效身份证件可归纳为四大类：居民身份证、军人类证件、护照类证件和其他可以乘机的有效证件。

（一）居民身份证

1. 居民身份证的式样

居民身份证（本书指第二代居民身份证）是采用专用非接触式集成电路芯片制成的卡式证件，规格为 85.6 毫米×54.0 毫米×1.0 毫米（长×宽×厚）。

居民身份证正面印有"中华人民共和国居民身份证"字样，印有彩虹扭索花纹（也称底纹），颜色以浅蓝色至浅粉红色再至浅蓝色的顺序排列，颜色衔接处相互融合且过渡自然；国徽图案在证件正面左上方突出位置，国徽颜色为红色；证件名称分两行排列于国徽图案右侧证件上方位置；以点画线构成的浅蓝灰色写意长城图案位于国徽和证件名称下方证件版面中心偏下位置；有效期限和签发机关两个项目位于证件下方。

居民身份证背面印有与正面相同的彩虹扭索花纹，颜色与正面相同；印有姓名、性别、民族、出生日期、住址、公民身份号码和本人照片；定向光变色的长城图案位于性别项目的位置，采用光变光存储技术制作的“中国 CHINA”字符位于相片与公民身份号码之间的位置。

少数民族公民的居民身份证采用汉字与少数民族文字并列的形式。根据少数民族文字书写特点，采用少数民族文字的证件有两种排版格式：一种是同时使用汉字和蒙文的证件，蒙文在前，汉字在后（内蒙古的部分地区蒙古族的居民身份证为蒙文在上、汉字在下的形式）；另一种是同时使用汉字和其他少数民族（如藏族、壮族、维吾尔族、朝鲜族等）文字的排版格式，少数民族文字在上，汉字在下（图 3-1）。

（a）正面

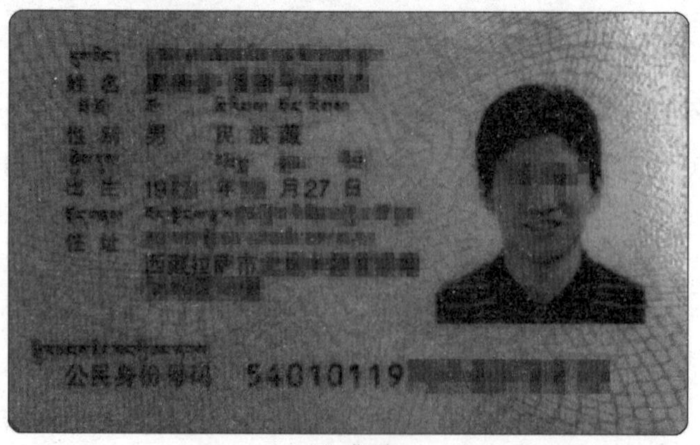

（b）背面

图 3-1 汉字与少数民族文字并列的身份证样本

外国人永久居留身份证参照第二代居民身份证标准设计制作，内嵌非接触式集成电路芯片。证件登记项目包括持证人姓名、性别、本人照片、出生日期、国籍、有效期限、签发机关和证件号码等（图 3-2）。持证人的个人资料和证件签发管理信息同时存入芯片，可以使用第二代居民身份证阅读机具读取。

（a）正面

（b）背面

图 3-2　外国人永久居留身份证样本

2. 居民身份证的登记内容

居民身份证的登记内容共有九项：姓名、性别、民族、出生日期、住址、公民身份号码、本人照片、证件的有效期限和签发机关。第二代居民身份证具备视读与机读两种功能。

3. 公民身份号码的编排规则

根据《中华人民共和国国家标准　公民身份号码》（GB 11643—1999）中有关公民身份号码的规定，公民身份号码是特征组合码，由十七位数字本体码和一位数字校验码组成。排列顺序从左至右依次为：六位数字地址码，八位数字出生日期码，三位数字顺序码和一位数字校验码。顺序码的奇数分配给男性，偶数分配给女性。校验码是根据前面十七位数字码，按照 ISO 7064:1983，MOD 11-2 标准校验码计算出来的。

第二代居民身份证使用十八位数字编码，第七位至十四位数字为出生日期代码，在分配顺序码后加一位数字校验码，其他与十五位编码身份证相同。公民身份号码为公民唯一的、终身不变的身份代码。

4. 居民身份证的使用规定

（1）公民出示身份证

公民从事有关活动，需要证明身份的，有权使用居民身份证，有关单位及其工作人员不得拒绝。有下列情形之一的，公民应当出示居民身份证证明身份：①常住户口登记项目变更；②兵役登记；③婚姻登记、收养登记；④申请办理出境手续；⑤法律、行政法规规定需要用居民身份证证明身份的其他情形。依照《中华人民共和国居民身份证法》的规定，未取得居民身份证的公民从事有关活动，可以使用符合国家规定的其他证明方式证明身份。

（2）人民警察查验身份证

人民警察依法执行职务，遇有下列情形之一的，经出示执法证件，可以查验居民身份证：①对有违法犯罪嫌疑的人员，需要查明身份的；②依法实施现场管制时，需要查明现场有关人员身份的；③发生严重危害社会治安突发事件时，需要查明现场有关人员身份的；④法律规定需要查明身份的其他情形。

（3）其他规定

任何组织或者个人，不得扣押居民身份证。但是，公安机关依照《中华人民共和国刑事诉讼法》执行监视居住强制措施的情形除外。

5. 临时居民身份证

临时居民身份证为聚酯薄膜密封的卡式证件。证件正面印有彩虹扭索花纹、写意长城图案、“中华人民共和国临时居民身份证”证件名称字样。证件名称分两行排列于版面中间偏上的位置。写意长城图案位于证件名称下方，颜色为褐色。彩虹扭索花纹过渡颜色为浅绿色至浅黄色再至浅绿色。证件背面印有彩虹横向波浪扭索花纹并登记持证人姓名、性别、民族、出生日期、住址、公民身份号码、本人照片、证件的有效期限和签发机关等内容。证件规格为85.6毫米×54.0毫米×1.0毫米（长×宽×厚），主色调为浅绿色。

2005年9月20日，公安部发布《中华人民共和国临时居民身份证管理办法》，从2005年10月1日起启用新版临时居民身份证（图3-3）。临时居民身份证的有效期限为三个月，有效期限自签发之日起计算。

（a）正面

图3-3　临时居民身份证样本

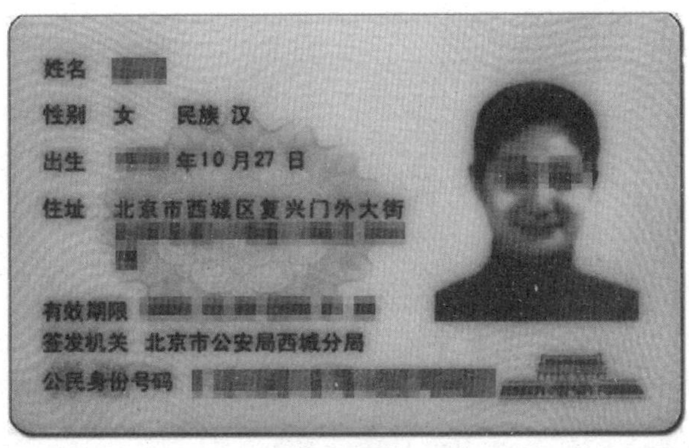

（b）背面

图 3-3（续）

（二）军人类证件

常见的军人类证件有军官证、武警警官证、义务兵证、军队文职人员证、离休干部荣誉证、军官退休证等。

1. 军官证

军官证封皮颜色为深红色，其正面上方印有烫金的军徽，军徽下方为烫金的“中国人民解放军军官证”字样，最下方印有烫金的“中华人民共和国中央军事委员会”字样。军官证内芯内容包括照片、编号、发证机关、发证日期、有效期、姓名、出生年月、性别、籍贯、民族、部别、职务、衔级等内容（图 3-4）。

（a）封皮示意图

图 3-4 军官证样本

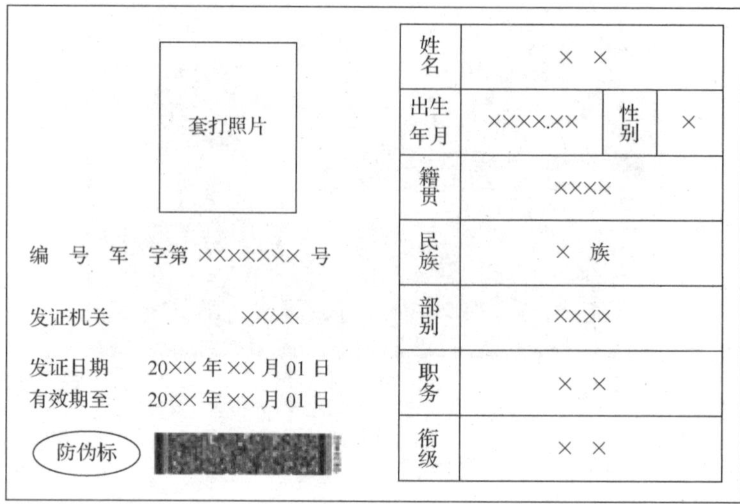

（b）内芯示意图

图 3-4（续）

2. 武警警官证

武警警官证封皮颜色为深红色，为人造革外套，其正面上方正中印有烫金的警徽，警徽下方为烫金的“中国人民武装警察部队警官证”字样，最下方印有烫金的“中华人民共和国国务院 中央军事委员会”字样（图 3-5）。

（a）封皮示意图

图 3-5 武警警官证样本

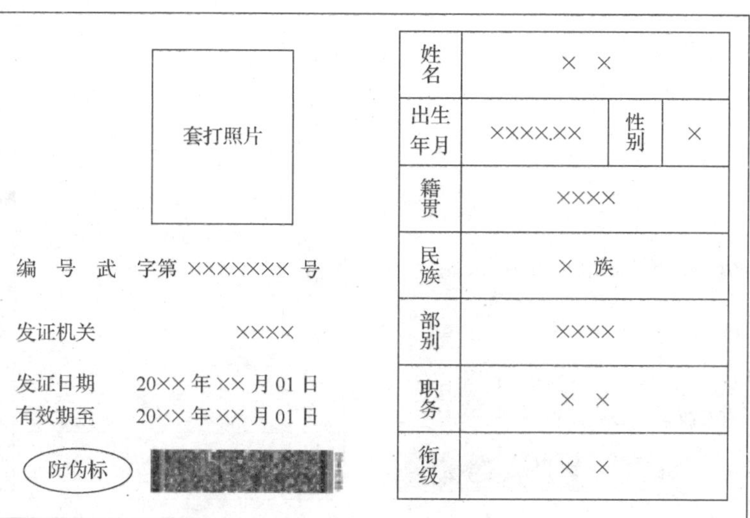

（b）内芯示意图

图 3-5（续）

3. 义务兵证

义务兵证封皮颜色为红色，证件中央正上方印有烫金的军徽，军徽下方为烫金的“中国人民解放军义务兵证”字样，最下方印有烫金的“中华人民共和国中央军事委员会”字样（图 3-6）。

（a）封皮示意图

图 3-6 义务兵证样本

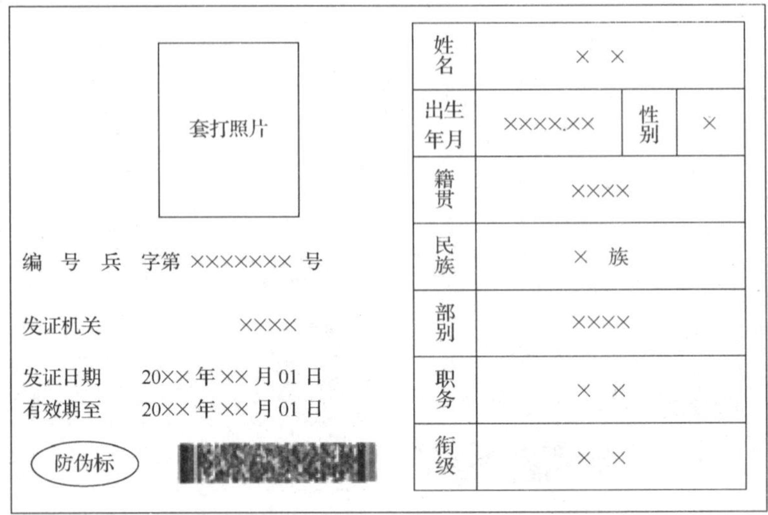

（b）内芯示意图

图 3-6（续）

4. 军队文职人员证

军队文职人员证封皮颜色为红色，正上方印有烫金的军徽，军徽下方为烫金的“中国人民解放军文职人员证”字样，最下方印有烫金的“中华人民共和国中央军事委员会”字样（图 3-7）。

（a）封皮示意图

图 3-7 文职人员证样本

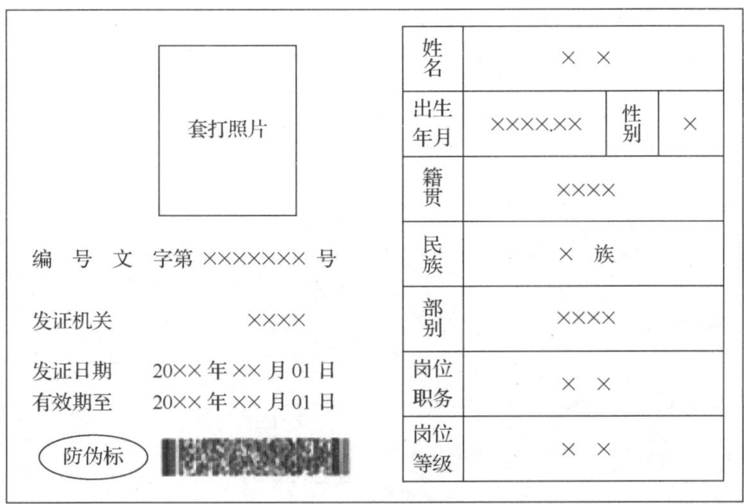

（b）内芯示意图

图 3-7（续）

5. 离休干部荣誉证

离休干部荣誉证封皮颜色为红色，正上方印有烫金的军徽，军徽下方为烫金的“中国人民解放军离休干部荣誉证”字样，最下方印有烫金的“中华人民共和国中央军事委员会”字样（图 3-8）。

（a）封皮示意图

图 3-8　离休干部荣誉证样本

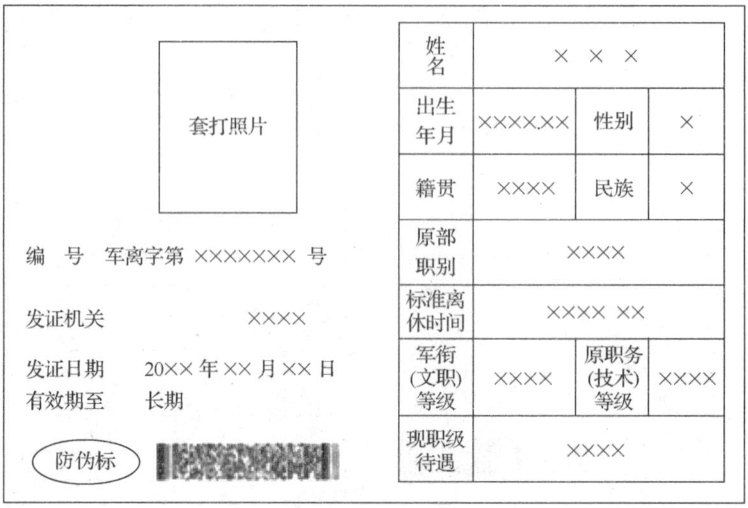

套打照片
编 号 军离字第 ×××××××号
发证机关 ××××
发证日期 20××年××月××日
有效期至 长期
防伪标
姓名 × × ×
出生年月 ××××.××
性别 ×
籍贯 ××××
民族 ×
原部职别 ××××
标准离休时间 ×××× ××
军衔(文职)等级 ××××
原职务(技术)等级 ××××
现职级待遇 ××××

（b）内芯示意图

图 3-8（续）

6. 军官退休证

军官退休证封皮颜色为红色，正上方印有烫金的军徽，军徽下方为烫金的“中国人民解放军军官退休证”字样，最下方印有烫金的“中华人民共和国中央军事委员会”字样（图 3-9）。

中国人民解放军
军官退休证
中央军委政治工作部老干部局监制
中华人民共和国中央军事委员会

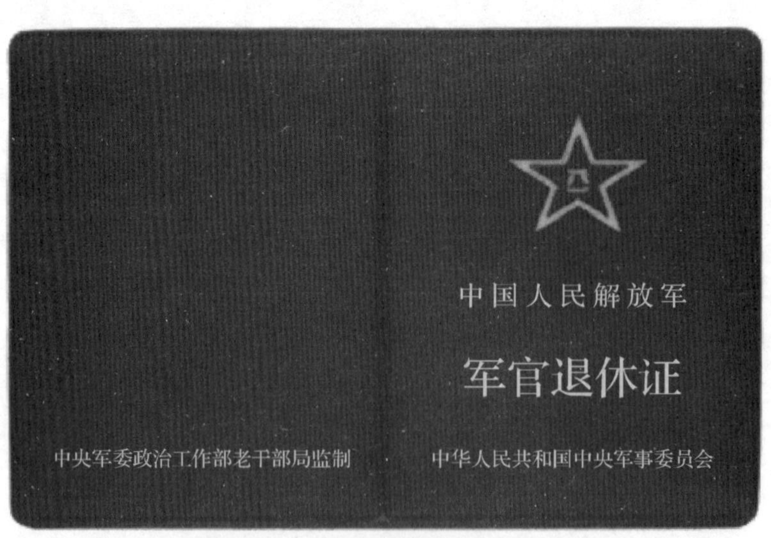

（a）封皮示意图

图 3-9 军官退休证样本

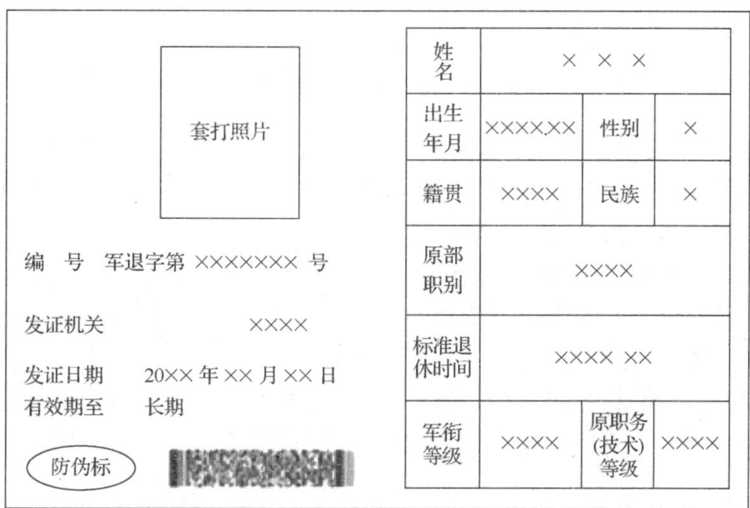

套打照片

编 号 军退字第 ××××××× 号

发证机关 ××××

发证日期 20×× 年 ×× 月 ×× 日

有效期至 长期

防伪标

姓名	× × ×		
出生年月	××××××	性别	×
籍贯	××××	民族	×
原部职别	××××		
标准退休时间	×××× ××		
军衔等级	××××	原职务(技术)等级	××××

（b）内芯示意图

图 3-9（续）

（三）护照类证件

护照类证件包括护照、港澳居民来往内地通行证、往来港澳通行证、台湾居民来往大陆通行证、往来台湾通行证、中华人民共和国签证、中华人民共和国海员证等。

1. 护照

护照是一个主权国家发给本国公民用于出入国境、国外旅行或居住的证件，凡出国人员均应持有护照，才享有护照颁发国的外交保护。中国护照分为外交护照（红色封皮）、公务护照（墨绿色封皮）、因公普通护照（深棕色封皮）、因私普通护照（红棕色封皮，图 3-10）等。

图 3-10 因私普通护照样本

1）外交护照主要发给副部长、副省长等以上的中国政府高级官员，党、政、军等重要代表团的正、副团长，以及外交官员、领事官员及其随行配偶和未成年子女及外交信使等。

2）公务护照主要发给中国各级政府部门副处级以上官员，中国派驻国外的外交代表机关、领事机关和驻联合国组织系统及其有关专门机构不具有外交身份的工作人员及其随行配偶和未成年子女等。

3）因公普通护照主要发给中国国有企业、事业单位出国从事经济、贸易、文化、体育、卫生、科学技术交流等公务活动的人员，公派留学、进修人员、访问学者，以及公派出国从事劳务的人员等。

4）因私普通护照发给定居、探亲、访友、继承遗产、自费留学、就业、旅游和其他因私人事务出国或定居国外的中国公民。

2. 港澳居民来往内地通行证

港澳居民来往内地通行证（图 3-11）由公安部出入境管理局签发，是具有中华人民共和国国籍的香港特别行政区及澳门特别行政区居民来往内地所用的证件。

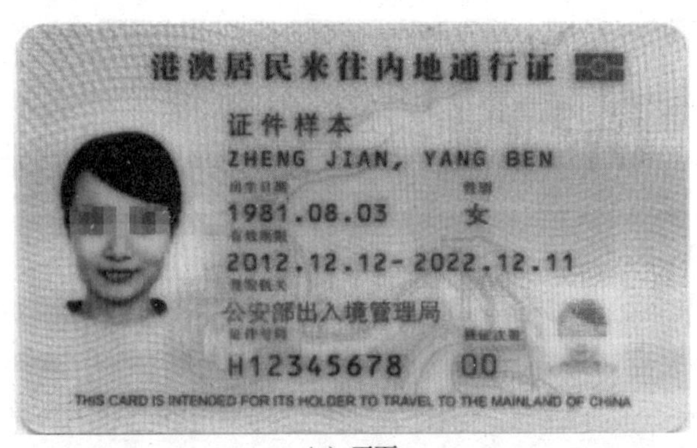

（a）正面

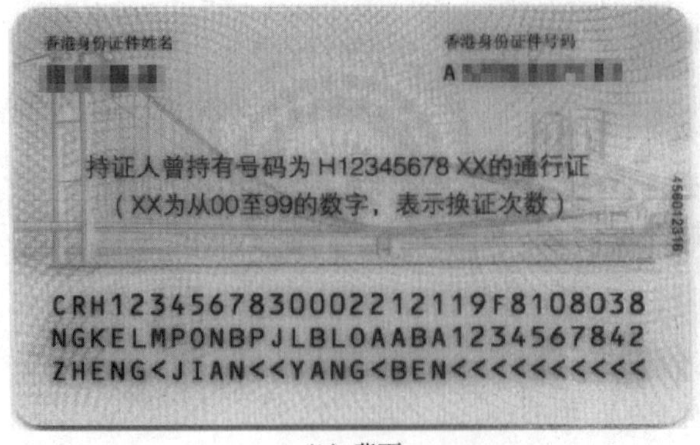

（b）背面

图 3-11　港澳居民来往内地通行证

3. 往来港澳通行证

往来港澳通行证（图 3-12），俗称双程证，是由公安部出入境管理局签发给内地居民因私往来香港或澳门地区旅游、探亲、从事商务、培训、就业、学习交流等非公务活动的旅行证件。

（a）正面

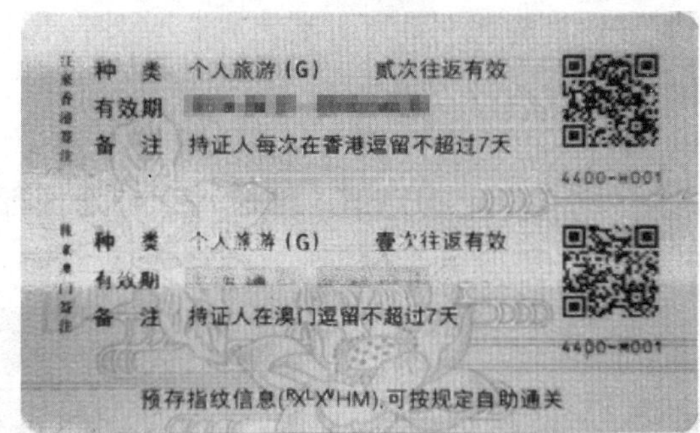

（b）背面

图 3-12 往来港澳通行证样本

4. 台湾居民来往大陆通行证

台湾居民来往大陆通行证（图 3-13），又称台胞证，是台湾地区居民来往大陆地区所持有的证件。

（a）正面

图 3-13 台湾居民来往大陆通行证样本

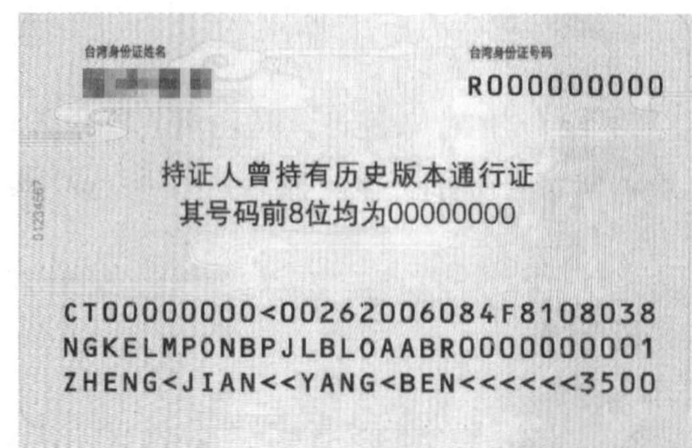

（b）背面

图 3-13（续）

5. 往来台湾通行证

往来台湾通行证是大陆地区居民往来台湾地区所持有的证件，一般与台湾地区入出境许可证（简称入台证）一起检查。从 2015 年 7 月 1 日起，往来台湾通行证的有效期由原来的 5 年改为 10 年。2016 年 12 月 20 日，公安部发布公告，决定启用电子往来台湾通行证 [图 3-14（a）]，福建省公安机关出入境管理部门自 2016 年 12 月 26 日起开始试点受理电子往来台湾通行证的申请，同时停止签发现行本式大陆居民往来台湾通行证 [图 3-14（b）]。

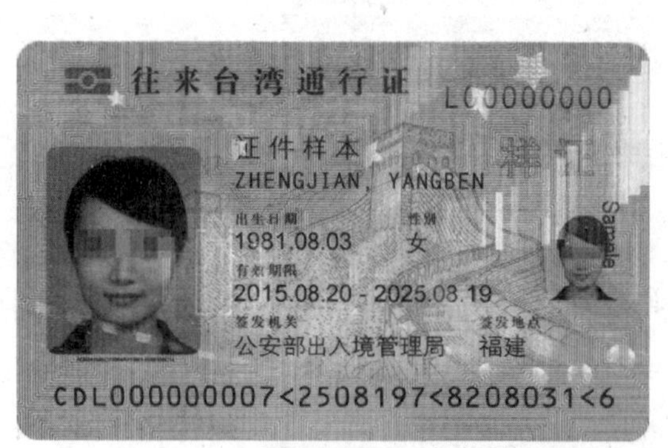

（a）电子往来台湾通行证

（b）停止签发的大陆居民往来台湾通行证

图 3-14 往来台湾通行证样本

6. 中华人民共和国签证

中华人民共和国签证（图 3-15）是中华人民共和国政府授权机关依照本国法律法规，为申请入出境或过境本国的外国人颁发的一种许可证明。根据中国与有关国家签署或达成的双边协议，部分国家符合特定条件者赴华，可免办签证。

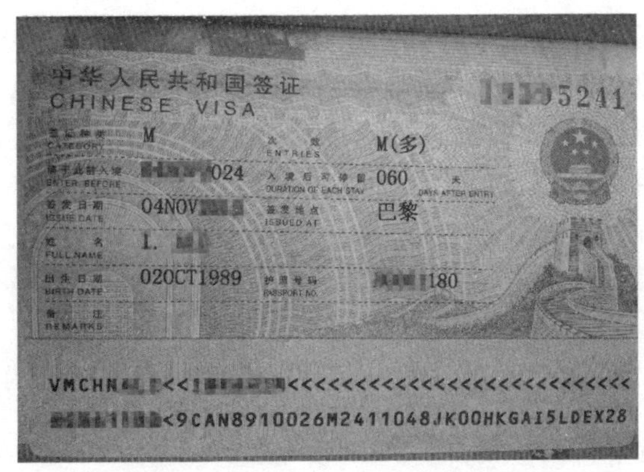

图 3-15　中华人民共和国签证样本

7. 中华人民共和国海员证

中华人民共和国海员证（图 3-16）是中国海员出入中国国境和在境外通行使用的一种有效身份证件。海员证颁发给在国际航线航行的中国籍船舶上工作的中国海员和由国内有关部门派往外国籍船舶上工作的中国海员。

图 3-16　中华人民共和国海员证样本

（四）其他可以乘机的有效证件

1）本届全国人民代表大会代表证、全国政协委员证。

2）出席全国或省（自治区、直辖市）的党代表大会、人民代表大会、政治协商会议，以及“工、青、妇”代表会、全国劳动模范和先进工作者表彰大会的代表，凭所属县、团级（含）以上党政军部门出具的临时身份证明。

3）旅客的居民身份证件在户籍所在地以外被盗或丢失，挂失后由户籍所在地公安机关出具的临时身份证明。

4）老人（按法定退休年龄掌握）的接待单位、本人原工作单位或子女、配偶工作单位（必须是县团级及以上单位）出具的临时身份证明。

5）16 岁以下未成年人户口簿或者户口所在地公安机关出具的身份证明。

二、机场控制区各类通行证件

（一）中国民航统一制作的证件

1. 中国民航空勤登机证

中国民航空勤登机证适用于全国各民用机场控制区（含军民合用机场的民用部分）。

空勤人员执行飞行任务时，须着空勤制服（因工作需要着其他服装的除外）佩戴中国民航空勤登机证（图 3-17），经过安检进入候机隔离区域登机。因临时租用飞机或借调人员等原因，空勤人员需登上与其登机证适用范围不同的其他航空公司的飞机时，机长应主动告知飞机监护人员。

图 3-17　中国民航空勤登机证样本

2. 航空安全员执照

航空安全员执照由中国民航局公安局统一制发，只适用于专职航空安全员，适用范围与中国民航空勤登机证相同。

3. 中国民用航空局特别工作证

中国民用航空局特别工作证由中国民航局公安局制发和管理。中国民用航空局特别工作证持有者可免检进入全国各民用机场控制区、隔离区或登机（不能用来代替机票乘机）检查工作。持证人员进入上述区域时，应主动出示证件。

4. 公务乘机通行证

公务乘机通行证的全称是中国民航公务乘机通行证，由中国民航局公安局统一制作，民航局、地区管理局、飞行学院公安局及航空公司保卫部门负责签发，适用于执行飞行、安全监察、安全保卫、身体检测、航线实习等任务的人员。

（二）民航各机场制作的证件

民航各机场制作的证件是根据管理的需要，由所在机场制发的具有不同用途和使用范围的证件，从适用时限上可分为长期证件、临时证件和一次性证件；从适用范围上可分为通用证件、客机坪证件、候机楼隔离区证件、国际联检区证件等区域性证件；从使用人员上可分为民航工作人员通行证、联检单位人员通行证和外部人员通行证等。这些证件在式样、颜色、规格上可能有所区别，但其内容要素区别不大，并且现今大部分机场证件内含识别芯片，安全系数得到进一步提升。民航各机场制作的证件主要有以下几种。

1. 民航工作人员通行证

民航工作人员通行证是发给民航内部工作人员因工作需要进出某些控制区域的通行凭证，由所在机场统一制发和管理。民航工作人员通行证外观式样、颜色不尽相同，但必须具备以下内容要素：机场名称、持证人照片、单位、职务、姓名、有效期限、签发机关（盖章）、允许通行（达到）的区域等。证件背面应有相关说明。持证人员允许通行（到达）的区域一般分为候机隔离区、客机坪、联检厅、行李分拣区、登机区等。

2. 联检单位人员通行证

联检单位人员通行证适用于有国际航班的机场，主要发给在机场工作的联检单位的有关工作人员。联检单位一般是指海关、边防检查、卫生检疫、动植物检疫等出入境管理部门。

联检单位人员通行证由所在机场制发和管理，其适用范围一般只限于与持证人工作相关的区域。证件的外观式样各机场不尽相同，内容要素与控制区通行证的相同。

3. 外部人员通行证

外部人员通行证的使用人员为因工作需要进入机场有关区域的民航公司以外的有关单位的工作人员。这类证件又分为专用证和临时证两种。专用证有持证人照片，临时证无持证人照片。专用证的内容要素与控制区通行证的相同，临时证则没有那么多登记项目，但必须有允许通行（到达）的区域标记。外部人员通行证一般与本人身份证同时使用。持外部人员通行证的人员，必须经安检后方可进入候机隔离区、客机坪等允许通行（到达）的区域。

4. 专机工作证

专机工作证一般为一次性有效证件，由民航公安机关制发。专机工作证的使用人员为与本次专机任务有关的领导、警卫、服务人员等，他们凭专机工作证可免检进入与本次专机任务相关的工作区域。

专机工作证的式样、颜色不一，但应具备以下基本内容要素："专机工作证"字样、专机任务的代号、证件编号、颁发单位的印章、有效期限等。专机工作证的颜色应明显区别于本机场其他通行证的颜色，以便警卫人员识别。

读一读

根据中共中央、国务院、中央军事委员会（简称中央军委）的规定，中共中央总书记、国家主席、全国人民代表大会常务委员会（简称全国人大常委会）委员长、国务院总理、中国人民政治协商会议全国委员会（简称全国政协）主席、中央军委主席、中央政治局常务委员会委员（简称中央政治局常委）、国家副主席乘坐的专用飞机，以及外国国家元首、政府首脑、执政党领袖乘坐的专用飞机称为专机。

5. 包机工作证

包机工作证由民航公安机关制发和管理，使用人员为与航空公司包机业务有关的人员。持证人凭证可进入包机工作相关的区域。包机工作证的内容根据使用时间长短而定，一次性的包机工作证可免贴照片，短期有效的包机工作证应贴有持证人照片。

读一读

包机飞行是指根据公共航空运输企业与包机人所签订的包机合同而进行的点与点之间的不定期飞行，包括普通包机飞行、专机飞行、急救包机飞行、旅游包机飞行等。

（三）其他人员通行证件

1. 押运证

押运证有多种式样和形式，此证主要适用于有押运任务的单位和负责押运任务的工作人员。担负机要文件押运、包机和特殊货物押运任务的工作人员，在飞机中途站和到达站可凭押运证在客机坪看管所押运的货物并监卸。

2. 军事运输通行证

军事运输通行证由有军事运输任务的机场公安机关颁发，证件使用人员为与军事运输工作相关的人员。该证的使用人员可凭证到达与军事运输相关的区域。此证应注明持证人单位、姓名及有效期限并加盖签发单位的印章。

3. 车辆通行证

凡进入机场控制区的车辆都必须持有专用的车辆通行证。车辆通行证的式样各机场不尽相同，但一般应具备以下基本内容要素：车辆所属的单位、车牌号、车型、允许通行（达到）的区域、有效期限、签发单位等。

由于军人类证件、民航工作证件等属于特殊证件，对于这类证件的检查知识需要安检人员在安检上岗培训中进行具体学习。

4. 侦查证

侦查证的全称是中华人民共和国国家安全部侦查证，由国家安全部统一制作。国家安全机关的工作人员，因工作需要进出当地候机隔离区、客机坪时，以及在外地执行任务时可凭侦查证进入。

第三节　乘机有效身份证件及登机牌的检查

一、检查的基本操作

（一）证件检查的程序

1）人、证对照。验证检查员接过证件时，要注意观察持证人的五官特征，再看证件上的照片与持证人相貌是否相符。

2）核对“三证”。一是核对证件上的姓名与登机牌的姓名是否一致；二是核对登机牌所注航班是否与系统信息一致；三是查看证件是否有效。

3）扫描旅客的登机牌，自动采集并储存旅客的相关信息，同时查对持证人是否为查控对象。

4）检查无误后，按规定在登机牌上加盖验讫章并放行。

（二）证件检查的方法

查验证件时，应采取检查、观察和询问相结合的方法，即看、对、问。

1）看，就是对证件进行检查，要注意甄别证件的真伪，认真查验证件的外观式样、规格、塑封、暗记、照片、印章、颜色、字体、印刷样，以及编号、有效期限等主要识别特征是否与规定相符，有无变造、伪造的疑点。对居民身份证件进行检查时，要对证件的直观防伪特征和数字防伪特征进行辨别，也可以利用专业证件阅读器进行扫描来辨别真伪。另外，还要注意证件是否过期失效。

2）对，就是观察、辨别持证人与证件照片的性别、年龄、相貌特征是否吻合，有无疑点。

3）问，就是针对有疑点的证件，通过简单询问持证人姓名、年龄、出生日期、生肖、单位、住址等，进一步加以核实。

（三）机场控制区证件的检查方法

检查机场控制区证件，应以民用航空主管部门及本机场有关文件为准。全国各机场使用的机场控制区证件代码有所不同，主要有以下几种表示方式：①用英文字母表示允许持证人通过（到达）的区域；②用阿拉伯数字表示允许持证人通过（到达）的区域；③用中文直接描述允许持证人通过（到达）的区域。

1. 进入机场控制区证件检查的一般方法

1）看证件外观式样、规格、塑封、印刷样、照片是否与规定相符，证件是否有效。

2）检查持证人与证件照片是否一致，确定是否为持证人本人。

3）看持证人通过（到达）的区域是否与证件限定的范围相符。

4）如有可疑，可向证件所注的颁发单位或持证人本人核问清楚。

2. 对工作人员证件的检查

1）检查证件外观式样、规格，确认塑封、印刷样、照片是否完好、正常，证件是否有效；检查持证人与证件上的照片是否一致；检查持证人证件的适用区域。

2）检查完毕，将证件交还持证人。经查验后，符合要求的放行，不符合要求的拒绝其进入。

3. 对机组人员的检查

1）对于机组人员，须检查中国民航空勤登机证，做到人证对应。

2）对于加入机组的人员，应检查其中国民航公务乘机通行证（加入机组证明信），以及有效身份证件或工作证件。

4. 对一次性证件的查验

当持证人进入控制区相关区域时，验证检查员应检查其所持一次性证件所注的通行区域权限和有效期限。具体办法根据各机场有关规定执行。

二、检查中的注意事项

1）检查中要注意查看证件上的有关项目内容是否有涂改的痕迹。

2）检查中要注意是否有冒名顶替的情况，注意观察持证人的相貌特征是否与证件上的照片相符。若发现可疑情况，应对持证人仔细查问。

3）检查证件时要注意方式方法，要做到自然大方、态度和蔼、语言得体（图 3-18），以免引起旅客的反感。

图 3-18 检查证件时要注意方式方法

4）注意观察旅客穿戴有无异常。例如，旅客若有戴墨镜、戴围巾、戴口罩、戴帽子等有伪装嫌疑的穿着，应让其摘下这些饰物，以便准确核对。

5）应注意工作秩序，集中精力，防止漏验证件或漏盖验讫章。

6）验证检查中要注意发现通缉、查控对象。

7）验证检查中发现疑点时，要慎重处理，及时报告。

8）根据机场流量、工作标准，以及验证检查、前传引导检查、人身检查等岗位的要求适时验放旅客。

读一读

2018 年 4 月 2 日，国内某机场安检人员在验证检查岗位进行证件检查时，发现一名青年男性旅客所持身份证与本人相貌存在少许差异。虽然该旅客脸型、额头、耳朵与证件上的照片相近，但发型、眉毛、眼睛存在疑点。安检人员随即询问旅客证件的基本信息，该旅客回答得也不准确。该旅客发觉安检人员开始质疑他后，逐渐“露出马脚”并说出事情真相：自己由于证件丢失只好冒用他人证件乘机。随后安检人员按照相关规定将该旅客移交机场公安机关处理。

如今随着科学技术的不断进步，人脸识别技术的应用越来越广泛。人脸识别系统基本覆盖了国内千万级（年旅客运输量超过 1000 万人次）大型机场的所有安检通道。人脸识别系统是一款精准、高效的人证比对智能终端，通过读取身份证照片与现场持证人员的脸部进行比对验证，判断是否为本人。

人脸识别系统的准确率在99%以上，不能识别的情况多为旅客面容与证件照差别极大，或进行过面部整形等。由于现实中人脸与身份证照片差异较大，之前在不使用人脸识别系统的情况下，即使安检人员发现了旅客的证件存在问题，但在交涉时缺乏有力的证据，部分旅客会存在抗拒的心理。在使用人脸识别系统后这一情况大大减少，而且在识别出证件异常后，旅客通常不会有过多异议而是积极配合进一步的检查。

第四节 识别冒名顶替的证件

一、识别冒名顶替证件的方法

检查中，安检人员要注意是否有冒名顶替的情况，注意观察持证人的外貌特征是否与证件上的照片相符，如其五官的轮廓、分布，耳朵的轮廓、大小，两只眼睛的距离、大小和形状，嘴唇的厚薄和形状，以及面型轮廓（主要是颧骨及下颌骨的轮廓）等。发现有可疑情况时，安检人员应对持证人仔细查问，查清情况。

二、居民身份证的防伪措施

1. 直观防伪措施

1）扭索花纹是采用彩虹印刷技术印刷的。

2）底纹中隐含有微缩字符。微缩字符由“居民身份证”汉语拼音字头“JMSFZ”组成。

3）正面长城图案采用定向光变色膜技术制作；“中国 CHINA”字符采用光变光存储技术制作。

4）背面图案采用荧光印刷方式印刷。

2. 数字防伪措施

居民身份证的机读信息经加密运算处理后，储存在证件专用集成电路（芯片）内，用身份证读取设备可以读取其中信息，辨别证件的真伪。

三、居民身份证的一般识别方法

1）核对照片。判别证件照片与持证人的一致性。

2）彩虹印刷。居民身份证的底纹采用彩虹、精细、微缩印刷方式制作，颜色衔接处相互融合自然过渡，颜色变化部分没有接口。

3）微缩文字字符串。查看居民身份证底纹中隐含的微缩文字字符串，使用放大镜（10 倍以上）观测。

4）使用紫外灯光观测荧光印刷的“长城”图案。

5）查看定向光变色的“长城”图案。在自然光条件下，垂直观察不到，和法线（垂直于图案平面的直线）呈较大夹角时，方能看到：在正常位置观察，图案反射光的颜色为橘红色；当图案绕法线方向顺时针或逆时针呈 30°～50° 时，图案反射光的颜色为绿色；当旋转 70°～90° 时，图案反射光的颜色为紫色。

6）查看光变光存储的“中国 CHINA”字样。字符串周围有渐变花纹，外观呈椭圆形。

7）读取机读信息。通过专业证件阅读器读取存储在证件芯片内的机读信息，并进行解密运算处理后，自动判别其真伪。若读取的信息与系统中的信息相符，则专业证件阅读器会在计算机中显示所读出的信息；若读取的信息与系统中的信息不相符或已过期，则会在计算机中弹出不相符的提示内容。

第五节 在控人员的查缉与控制

一、查控工作的要求

查控工作的政策性较强，是通过公开的检查形式，发现、查缉、控制恐怖分子、预谋劫机分子、刑事犯罪和经济犯罪分子、走私贩毒和其他犯罪分子的一种手段。因此，安检人员在工作中务必恪尽职守，保持高度的警惕。

二、发现在控人员时的处理方法

检查中发现在控人员时，安检人员应根据不同的查控要求，采取不同的处理方法。

发现通缉的犯罪嫌疑人时，安检人员要沉着冷静、不露声色，待其进入安检区后，按预定方案处置；同时报告值班领导，尽快与布控单位取得联系。将嫌疑人控制后移交布控单位时，要做好登记，填写移交清单并经过双方签字。对于同名同姓的旅客，在没有十足把握确认为在控人员的情况下最好交由机场公安机关处理。

旅客接受检查时，安检人员可从离港系统获取旅客的一般信息（如旅客的姓名、航班号、目的地、座位号等）。空防安全的重点是预防，如果某人是重点防范对象，那么就能够通过离港系统的布控功能使其未上飞机就落入法网。由于离港系统已经预存了在控人员的信息，当在控人员将登机牌递给验证检查员检验时，如果旅客姓名在布控名单内，系统便会跳出提示框，显示在控人员的详细资料，包括姓名、证件号码及照片等信息，提醒安检人员核对。

三、接控的程序和方法

安检部门要求查控时应通过机场公安机关接控，安检部门不直接接控。接控时应查验“查控对象通知单”等有效文书，查控通知应具备以下内容和要素：布控手续齐全，查控对象的姓名、性别、所持证件的编号、查控的期限和要求、联系单位、联系人及电话号码。

接控后应该及时安排布控措施，如遇特殊、紧急、重大的布控而来不及到民航公安机关办理手续时，安检部门在查验有效手续齐全的情况可先布控，但应要求布控单位按时补办民航公安机关的手续。验证检查人员应熟记在控人员名单和主要特征，对各类查控对象的查控时间应有明确规定，安检部门应定期对布控通知进行整理，对已超过时限的或已撤控的进行清理。

读一读

某年 7 月 10 日，呼伦贝尔市机场安检人员成功制止一起某男性送站人员冲闯隔离区的行为，维护了机场正常治安秩序，确保了空防安全。

当日 19:30，正值旅客安检高峰时段，验证检查台前排满了等待安检的旅客。突然，一名身着黑色 T 恤的男子一边打电话一边快速冲过安检验证检查岗，径直冲向安全门。验证检查员起身拦截未果后，迅速大声通知安检通道内的其他检查人员。两名正在执行安检任务的人身检查员见状果断上前拦住该男子，其他岗位人员及备勤人员火速上前将其制伏并带离安检现场，其他工作人员快速疏散已经检查完毕的旅客。与此同时，值班领导通知机场公安人员将其带离做进一步处理。整个事件发生在一瞬间，处置过程迅速、果断、训练有素，前后仅用了 1 分 10 秒就恢复了正常的安检秩序，并且无人员受伤。

事后了解到，该男子是为了挽留其已进入隔离区的女友，情急之下冲闯了隔离区。

“无关人员冲闯机场隔离区”属扰乱机场公共秩序的违法行为。呼伦贝尔市机场公安机关依照《中华人民共和国民用航空法》《中华人民共和国治安管理处罚法》对其进行了相应处罚。

思考题

1. 居民身份证的防伪措施有哪些？
2. 证件检查的程序及方法有哪些？
3. 发现在控人员时应如何处理？

第四章　人身检查

人身检查是民航安检的又一重要内容。本章主要介绍人身检查设备的准备和人身检查的实际操作等，以提高安检人员进行人身检查的实际操作能力。

第一节　人身检查设备的准备

一、通过式金属探测门的测试

（一）通过式金属探测门概述

1. 通过式金属探测门的工作原理

通过式金属探测门（简称金属探测门，图 4-1）的工作原理：设备发出一连串脉冲信号产生一个时变磁场，该磁场对探测区中的导体产生涡电流，涡电流在接收线圈中产生电压，设备通过处理电路辨别产生的电压而决定是否报警。

图 4-1　通过式金属探测门

2．金属探测门的性能和特点

金属探测门通过感应寄生电流及均化磁场的数字信号处理方式而获得较高的分辨率，具有独特的性能，符合主要安全标准和客户安全标准，对心脏起搏器佩戴者、体弱者、孕妇、磁性媒质和其他电子装置无害。

3．影响金属探测门探测结果的因素

为保证金属探测门的灵敏度和探测结果的准确性，安检人员应对影响探测结果的因素有所了解，以便能及时排除故障，确保安检工作质量和旅客顺畅通行。影响金属探测门探测结果的因素包括如下几个。

1）金属探测门本身的因素，包括探测磁场的场强、探测方法（连续场与脉冲场）、工作频率和探测程序。

2）探测物的因素，包括探测物的质量和形状、金属种类或合金成分，以及探测磁场的方向。

3）测试者的因素，包括测试者的人体特征、测试者通过金属探测门的速率，以及测试物在测试者身上的部位的不同。

4）周围环境的因素，包括使用环境中存在的一些含有金属物质的物品，以及环境温度、湿度和周围电磁场的变化等，这些因素都会影响金属探测门的性能。

4．金属探测门的报警功能

1）视觉警报。金属探测门配备有视觉警报显示装置，并按金属通过的比例显示出一个条形的视觉警报信号。人们至少可以从 5 米外清晰地观察到视觉警报（低于报警限值时显示绿色，高于其限值时显示红色）。

2）声音警报。金属探测门配有声音报警信号调节装置，可以调节警报的持续时间、音调和音量。

（二）金属探测门的测试操作

1．安装测试

1）当一种型号的金属探测门在机场首次安装时，或一台金属探测门被改变位置后，操作员必须对其进行调试。

2）金属探测门应调节至适当的灵敏度，但不能低于最低安全设置要求。

3）安装金属探测门时，应避免受到可能影响其灵敏度的干扰。

2．例行测试

1）金属探测门如果连续使用（即从未关闭过），应至少每天测试一次。如果金属探

测门不是连续使用，在每次接通电源后和对旅客进行检查前，也应进行测试。

2）如果金属探测门的灵敏度比以前有所下降，就应该调高其灵敏度。

3）测试时，分别将测试器件放置在测试人员的右腋窝、右臀部、后腰中部、右踝内侧等部位，然后通过金属探测门进行测试。注意：实施测试的人员在测试时不应携带其他金属物品。

二、手持金属探测器的测试

（一）手持金属探测器概述

1. 手持金属探测器的工作原理

手持金属探测器（图 4-2）会产生恒定频率的磁场，使用时应将其灵敏度调至频率哑点（中心频率）。当手持金属探测器接近金属物品时，其磁场受干扰发生变化，频率漂移、灵敏度变化，继而发出报警信号；当手持金属探测器离开金属物品，灵敏度恢复恒定频率，此时手持金属探测器小喇叭无声响（灵敏度恢复至频率哑点）。

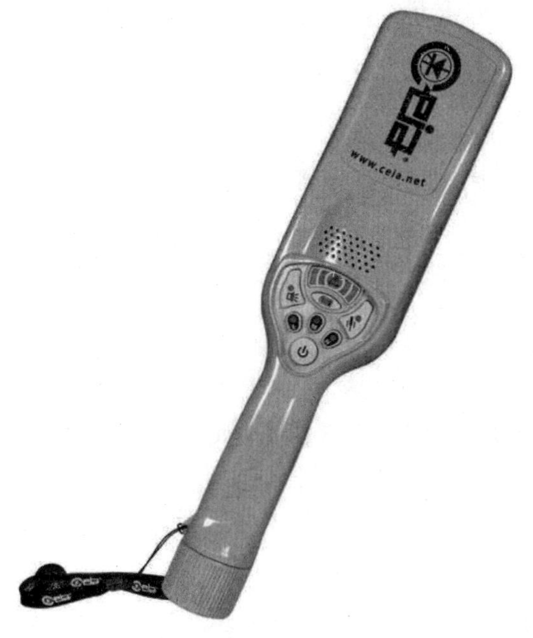

图 4-2 手持金属探测器

2. 手持金属探测器的使用和保管

1）手持金属探测器属小型电子仪器，使用时应轻拿轻放，以免损坏。

2）手持金属探测器应由专人保管，应注意防潮、防热。

3）手持金属探测器有污渍时，应使用微湿、柔软的布进行清理。

（二）手持金属探测器的基本操作

本书以启亚 PD140E 手持金属探测器为例，讲述手持金属探测器的基本操作。

启亚 PD140E 是意大利启亚新一代便携式手持金属探测器，这款金属探测器不自带座式充电器，其基本操作介绍如下。

1. 安装电池

启亚 PD140E 手持金属探测器可由 5 伏干电池或充电电池及其他类似产品供电。安装电池的方法如下：拧下手柄末端的旋盖，根据电池舱口处的极性指示正确装入电池，然后拧紧旋盖，保证电池接触良好，可连续工作 100 小时以上。

2. 开机

打开探测器时，报警指示灯将常亮 1 秒，报警声同时响起，报警指示灯呈红色并不停报警时，应使探测面离开任何金属物品，直至上述指示灯熄灭。如果电源指示灯以 1 秒间隔闪烁，表明电池电量充足；如果电源指示灯呈黄色，表明电量不足，需要更换电池或给电池充电。

3. 灵敏度调节及操作

启亚 PD140E 手持金属探测器配备有灵敏度控制面板，有三挡[H（高）、M（中）、L（低）]可供选择，一般情况下应设置在 M 挡。其他使用范围取决于被测金属物体的尺寸和距离。启亚 PD140E 手持金属探测器的灵敏度区域位于装置的下部平面区内，测量面积为 60 毫米×140 毫米，不检测时自动切换到 L 挡模式。

4. 充电

启亚 PD140E 手持金属探测器的充电方法如下：将手柄插入 BC140 充电器，然后打开充电器开关，确认电源指示灯正常即开始充电，完全充电所需时间为 16 小时。注意：不要对干电池进行充电；充电时金属探测器必须处于关机状态。

第二节　人身检查的实际操作

一、人身检查概述

（一）人身检查的定义

人身检查是指采用公开的仪器和手工相结合的方式，对旅客人身进行的安全检查，

其目的是发现旅客身上藏匿的危险品、违禁物品，保障民用航空器安全及所载人员的生命、财产安全。

（二）人身检查的重点部位

人身检查的重点部位：头部、肩胛、胸部、手部（手腕）、臀部、腋下、裆部、腰部、腹部、脚部等。

读一读

旅客贺某在重庆江北国际机场T3A航站楼过安检时，安检人员小代发现该旅客全程低头不语，检查过程中神情慌张，眼神飘忽不定，整个人处于高度紧张状态，小代立即提高警惕，对该旅客实施从严检查，最终在旅客脚踝处查获可疑粉末状物品1袋，随即报告值班领导并通知机场公安机关到场处理。事后经机场公安机关确认，该旅客系一名毒品吸食者，其携带的不明粉末状物品为毒品。

（三）重点检查对象

1）神情恐慌、言行可疑、假装镇静者。
2）冒充熟人、假献殷勤、接受检查时过于热情者。
3）不耐烦、催促检查者，或言行蛮横、不愿接受检查者。
4）窥视检查现场、探听安全检查情况等行为异常者。
5）本次航班已开始登机，才匆忙赶到安检现场接受检查者。
6）公安部门、安全检查站掌握的犯罪嫌疑人和群众提供的有可疑言行的旅客。
7）上级或有关部门通报的和来自恐怖活动频繁的国家及地区的人员。
8）着装与其身份不相符或不合时令者。
9）男性青壮年旅客。
10）根据空防安全形势需要采取特别安全措施的航线的旅客。
11）有国家保卫对象乘坐的航班上的其他旅客。
12）检查中发现的有其他可疑问题者。

（四）从严检查的相关要求

1）在检查过程中，对于经过手工人身检查仍不能排除疑点的乘机旅客，应将其带至安检值班室进行从严检查。

2）若需实施从严检查，应报告安检部门值班领导批准后才能进行。从严检查必须由两名以上与旅客同性别的检查员（图4-3）实施。

3）从严检查应做好记录，并注意监视检查对象，防止其行凶、逃跑或毁灭证据。

图 4-3　从严检查的工作人员

二、人身检查的基本操作

（一）人身检查的顺序

安检人员应该按照由上到下、由里到外、由前到后的顺序对旅客进行人身检查。

（二）人身检查的方法

对旅客进行人身检查的方法有两种：仪器检查和手工人身检查。现实工作中通常采用仪器与手工相结合的检查方法。

1．仪器检查

仪器检查（图 4-4）是指安检人员按规定的方法通过金属探测门或手持金属探测器等对旅客进行人身检查，以防有人将危险物品、违禁物品及限制物品带入机场，甚至带上飞机。

图 4-4　仪器检查

（1）通过金属探测门检查的方法

所有乘机旅客都必须通过金属探测门进行检查（政府规定的免检者除外）。在旅客通过金属探测门之前，金属探测门前的引导员应首先让旅客取出身上的金属物品，然后引导旅客按秩序逐个通过金属探测门（要注意掌握旅客流量）。如金属探测门报警，应使用手持金属探测器或采用手工人身检查的方法进行复查，彻底排除疑点后才能放行。

对于旅客放入盘中的物品，应通过 X 射线安检仪进行检查。对于不便通过 X 射线安检仪检查的物品，应采用摸、掂、试等方法检查物品中是否藏匿有违禁物品。

（2）通过手持金属探测器检查的方法

用手持金属探测器进行人身检查的顺序如下。

1）前衣领→右肩→右大臂外侧→右手→右大臂内侧→右腋下→右前胸→右上身外侧→腰、腹部→左肩→左大臂外侧→左手→左大臂内侧→左腋下→左前胸→左上身外侧→腰、腹部。

2）右膝部内侧→裆部→左膝部内侧。

3）头部→后衣领→背部→后腰部→臀部→左大腿外侧→左小腿外侧→左脚→左小腿内侧→右小腿内侧→右脚→右小腿外侧→右大腿外侧。

2. 手工人身检查

手工人身检查是指手工人身检查员（简称手检员）按规定的方法和程序对旅客身体采取摸、按、压等手工检查方法发现危险物品、违禁物品及限制物品。

（1）手工人身检查的方法

1）手检员面对或侧对金属探测门站立，注意观察金属探测门报警情况或动态，确定重点手检对象。

2）当旅客通过时，若金属探测门报警，或发现可疑对象时，手检员请当事旅客到金属探测门一侧接受检查。检查时，探测器所到之处，手检员应用另一只手配合做摸、按、压等动作，对旅客进行检查（图 4-5）。

图 4-5 两手配合检查

3）手工人身检查过程中，手检员应注意对旅客的头部、手腕、肩胛、胸部、臀部、腋下、裆部、腰部、腹部、脚部、衣领、领带、鞋、腰带进行重点检查。

① 如果手持金属探测器报警，手检员左手（习惯左手持金属探测器的则用右手）应配合触摸报警部位，以判明报警物品性质，同时请过检旅客

自行取出该物品进行检查。

② 过检旅客将报警物品从身上取出后，手检员应对该报警部位进行复检，确认无危险物品后方可进行下一步检查。

4）当检查到脚部，发现有异常时，应让过检旅客坐在椅子上，请其脱鞋接受检查。检查步骤：用手握住其脚踝判别是否藏有物品，确定其袜中是否夹带物品，检查完毕，将旅客的鞋过 X 射线安检仪检查，确认无问题后再放行。

（2）手工人身检查的注意事项

1）检查时，安检人员的手掌心要切实接触旅客身体和衣服，因为手掌心面积大且触觉较敏锐，这样能及时发现藏匿的物品。

2）不可只检查旅客上半身不检查下半身，要特别注意检查重点部位。

3）对于旅客从身上掏出的物品，应仔细检查，防止夹带危险物品。

4）检查过程中要不断观察旅客的表情，防止发生伤害事件。

5）对女性旅客实施人身检查时，必须由女性安检人员进行。

3. 移位人身检查

（1）移位人身检查法的定义

移位人身检查法是指在旅客接受人身检查时，人身检查员按规定的方法主动完成从前到后的人身检查程序，从而让旅客能始终面对自己的行李物品，而防止不方便转身的人身检查方法。移位人身检查法是一种从尊重旅客、方便旅客的角度来考虑的人身检查方法。

（2）移位人身检查法的具体操作程序

1）人身检查员面对或侧对金属探测门站立，注意观察金属探测门的报警情况及动态，确定人身检查对象。

2）当旅客通过金属探测门报警或旅客为重点检查对象时，人身检查员指引旅客到指定位置接受人身检查。

3）人身检查员请旅客面对行李物品方向站立，提醒旅客照看好自己的行李物品，并从旅客正面开始实施人身检查。

4）人身检查员在完成旅客正面的人身检查程序后，主动绕至旅客身后，从旅客背面实施人身检查。

5）当人身检查员检查到旅客脚部，发现有异常时或鞋子较厚较大时，应让旅客坐在椅子上，请其脱鞋，用手持金属探测器和手工人身检查相结合的方法对其脚踝进行检查，同时让旅客的鞋子过 X 射线安检仪进行检查。

人身检查动作规范

三、前传引导检查岗位的工作方法和程序

1）前传引导检查员将盛物筐放于金属探测门一侧的工作台面上。

2）前传引导检查员站立于金属探测门一侧，面对旅客进入通道的方向。当有旅客进入检查通道时，前传引导检查员应提示旅客将随身行李有序地放置于X射线安检仪传送带上，同时请旅客将随身物品取出放入盛物筐内。若旅客穿着较厚重的外套，应请其将外套脱下，一并放入盛物筐过机检查。

3）前传引导检查员应观察人身检查区域人身检查员的工作情况（当人身检查员正在对旅客进行检查时，前传引导检查员应请待检旅客在金属探测门外等候），待人身检查员检查完毕，再请待检旅客有序通过金属探测门，并合理控制过检速度，保证人身检查通道的畅通。

4）对于易碎物品、贵重物品或其他特殊物品，前传引导检查员应及时提醒X射线安检仪操作员小心注意。

5）对于不宜经过X射线安检仪检查的物品，前传引导检查员从金属探测门一侧交给人身检查员，并通知开箱包检查员检查。

第三节 安检工作现场人身检查的具体操作

安检现场分为多个检查通道，而每一个检查通道又由多个具体岗位组成。安检人员有验证检查员、前传引导检查员、人身检查员、X射线安检仪操作员、开箱包检查员等，有些大型机场还在安检通道外设立了导检员、维序员（图4-6），以提供温馨服务咨询、维持待检区域秩序、处理帮助紧急旅客等。

图4-6 导检员、维序员

一、人身检查员与前传引导检查员的协同配合

前传引导检查员应提醒乘机旅客提前准备，将个人随身物品及行李放在X射线安检仪处进行检查，为人身检查岗位的工作带来便利。人身检查员与前传引导检查员间的协同配合工作应做到以下几点。

（一）旅客随身携带物品的处理

乘机旅客随身携带的常规物品有手机、钥匙、香烟、钱包、小旅行包或小旅行箱等，微型发射器、电击违禁品等极易被伪装成常规物品而被夹带通过安检通道进入候机隔离区。由于改装的物品具有隐蔽性，在对旅客进行人身检查时，若安检人员检查时间不充分，会影响手工检查的质量。因此，前传引导检查员需要提醒旅客将携带的全部物品通过X射线安检仪检查，这样才能够清晰地观察物品内部，防止漏检造成安全隐患，同时也节省了人身检查岗位检查旅客随身携带物品的时间，提高了工作效率。

（二）引导旅客通过金属探测门的注意事项

在人流量较大的情况下，机场会使用金属探测门进行人身检查，此时就需要前传引导检查岗位和人身检查岗位密切配合，让旅客有序地通过金属探测门，控制好通过的速度。若旅客流量较大，前传引导检查岗位未控制好安检人流速度，则会出现人身检查岗位检查时间不充分及漏检旅客的情况。

（三）影响手工人身检查的因素

冬天，旅客身着厚重的羽绒服、长筒靴子、帽子、手套等会影响人身检查的速度和质量，前传引导检查员应提醒旅客脱去厚重的衣物，放入盛物筐通过X射线安检仪检查，要保持严谨的工作态度，杜绝漏检。

二、人身检查员与开箱包检查员的协同配合

开箱包检查员岗位的职责：对需要进行开箱包检查的旅客行李进行检查；对查出的违禁物品进行登记移交；提醒旅客拿好随身携带的物品。人身检查员与开箱包检查员要协同配合好，具体有以下几点注意事项。

（一）检查箱包的速度

在现场箱包检查工作（图4-7）中，一个开箱包检查员会同时检查多个箱包。箱包有大有小，且检查过的箱包还需要多次经过X射线安检仪检查，导致箱包检查的时间比较长，旅客等候检查的人数较多。安检现场场地有限，箱包待检的旅客会影响到人身检查岗位的操作，因此，开箱包检查员需要提升开箱包检查的速度，集中注意力，认真聆听X射线安检仪操作员的箱包开检指令，将检验结束的旅客及时引导进入候机隔离区。

图 4-7　箱包检查

（二）密切关注人身检查岗位的待检旅客情况

前传引导检查岗位的安检人员有可能会因为工作失误，引导多个旅客进入人身待检区，而此时的人身检查员都在忙着检查，没有精力去管控每个待检旅客，这时就需要开箱包检查员善于用余光观察待检旅客的动向。对于急于拿包的旅客应善意提醒其需要接受人身检查后方可拿包，并告知人身检查员该名旅客尚未进行检查，防止旅客未经人身检查就登机而埋下安全隐患。

第四节　异常行为识别

随着民航业的逐渐兴起，其客流量也越来越大，在这种情况下，难免会发生一些异常行为事件，会出现一些潜在危险的人群。为了保证民用航空器及其人员、财产的安全和民用航空运输的正常秩序，民航安检人员应密切关注并学会识别旅客的异常行为，以便提前做好应对。在低、中人群密度下，旅客聚集的异常行为与其他人的异常行为相似。

一、异常行为的概念

异常行为是指违反社会规则或个体期望，并引起非议或惩罚的行为，即与正常行为有异或偏离正常行为的行为。对异常行为的判断与认识是不断积累和发展的过程。异常行为是社会生活中常见而频繁发生的社会现象。

二、异常行为识别的定义

异常行为识别，是通过观察和分析人们的行为来评价和判断人们内心心理的一种方法。也就是说，安检人员可以通过观察分析行为来识别潜在危险人员，并通过科技安全检查进一步识别潜在危险人员。

三、异常行为的识别方法

1. 表情分析

面部颜色的变化（发红或发白）、紧张的面部表情、不对称的面部表情、夸张的面部表情、同一表情持续时间过长、面部冒汗或流汗、眼睛有意避开安检人员的眼睛、眼睛快速眨动或直盯着安检人员。

2. 语言情绪分析

沉默不语的，说话语速过快；语调过低或过高，说话前言不搭后语，要求重复时会愤怒；回答问题，答非所问；回答时对问题生硬地重复，回答的内容和头部动作相反等。

3. 肢体行为分析

手不停地接触身体的某一部位，重复每个可疑动作，或手一直放在衣服中，对随身行李过分紧张；有紧张、焦虑的行为反应，走路呈不寻常的步态，偷偷观察安检人员等。

4. 着装异常分析

可以从旅客的衣着和所携带的物品等方面对其进行观察，有明显不同于寻常旅客的即为异常，比如衣着与职业、身份不吻合，衣着明显与季节或四周人不相符，衣着露出电线，衣服上有血迹、泥渍等，戴有异常配饰或文身，衣着显有极端政治或宗教倾向。

读一读

关于机场免检人员和重要旅客范围的规定如下：

1）对已列入国家保卫对象的中共中央总书记，中共中央政治局常务委员会委员、候补委员，书记处书记、候补书记；国家主席、副主席；全国人大常委会委员长、副委员长；国务院总理、副总理、国务委员；中央军事委员会主席、副主席、委员；全国政协主席、副主席；最高人民法院院长；最高人民检察院检察长等率领的出访代表团全体成员，免予检查。我国中央各部正部长率领代表团出访时，部长本人免予检查。

2）对应邀来访的外宾免检范围：对应邀来我国访问的非执政党领导人和我国按相当于正部长级以上规格接待的重要外宾，凭中共中央、国务院、中央军委有关部委或省（自治区、直辖市）党委、人民政府出具的证明免予检查；应邀来访的（包括过境、非正式访问）副总统、副总理、副议长以上领导人率领的代表团全体成员免予检查；应邀来我国访问的各国正部长级官员率领的代表团，部长本人免予检查；大使夫妇、总领事夫妇经承运的航空公司同意，并由该公司人员陪同或出具证明，可免予检查。对其余的各国外交官员，领事官员及其家属和他们携带的行李物品，亦可按上述办法免予检查，但只作为内部掌握。

3）对随同国家保卫对象乘坐民航班机的首长随行工作人员和我方接待属免检范围外宾的陪同人员，凭中共中央、全国人大常委会、国务院、中央军委有关部委或省（自治区、直辖市）党委、人民政府出具的证明免予检查。

4）对于重要旅客应在安检时给予礼遇。重要旅客的范围包括：①省部级（含副职）以上的负责人；②大军区级（含副职）以上的负责人；③公使、大使级外交使节；④由各部委以上单位或我驻外使、领馆提出要求按重要旅客接待的客人。

5）对迎送人员进入隔离区的安检规定如下：

① 所有迎送人员原则上不得越过安检区进入候机隔离区。如有特殊需要必须进入的，应按机场规定办理通行证件，进入时应接受检查（免检对象除外）。

② 中央各部委部长级负责同志因公务到机场迎送客人，需越过安检区进入候机隔离区迎送客人者，除部长级负责同志持证明本人可免予检查外，其他随行人员均应持机场发给的通行证件，并接受安检。相当于副总理、副委员长以上的党、政、军领导人到机场迎送客人，凭有关单位出具的证明，均免予检查。

③ 迎送外国人和华侨、港澳同胞、台湾同胞、外籍华人的人员，一律不得进入候机隔离区；对副部长级以上高级官员率领的外国官方代表团及其他身份较高的外宾，迎送人员可以进入候机隔离区，但人数要从严掌握（除迎送国家元首、政府首脑外，不得超过5人）。迎送人员进入候机隔离区，应持民航发给的通行证件，并一律接受安全检查。

思考题

1. 人身检查的重点对象和重点部位有哪些？

2. 一名旅客在被检查到小腿部位时，手持金属探测器报警，安检员目测这名旅客的靴子有金属铆钉，应该如何处理？

3. 人身检查的注意事项有哪些？

4. 哪些行为属于异常行为？

第五章　开箱包检查

开箱包检查是机场安检的重点内容之一。本章主要学习开箱包检查的程序、方法和操作技巧。

第一节　开箱包检查的操作

一、开箱包检查的程序

1. 观察和检查外层

观察箱包的外形，检查外部小口袋及有拉链的外夹层。

2. 检查内层和夹层

检查箱包的内层和夹层，用手沿行李箱包的各个侧面上下摸查，将所有的夹层、底层和内层小口袋检查一遍。

3. 检查箱包内的物品

开箱包检查时，安检员对X射线安检仪操作员指示的重点部位进行检查；在没有具体目标的情况下，应一件一件地检查；已查和未查的箱包要分开，放置要整齐有序。如果箱包内有枪支、管制刀具等违禁物品，应先将其取出并保管好，然后再仔细检查箱包内的其他物品，要对物主采取看管措施。

4. 善后处理

检查后如有问题，安检员应及时向值班领导报告，或移交机场公安机关处理。如果没有发现问题，安检员应协助旅客将物品放回箱包内，整理好箱包（图5-1），并对其配合表示感谢。

图 5-1 整理好箱包

二、开箱包检查的方法

开箱包检查一般是通过人的眼、耳、鼻、手等进行检查，具体根据不同的物品采取相应的检查方法。开箱包检查的主要方法如下：

1）看。对物品的外表进行观察，看是否有异常，包装是否有变动等。

2）听。对音响器材通过听的方法判断其是否正常，此法也可用于被怀疑有定时爆炸装置的物品检查。

3）摸。直接用手的触摸来判断是否藏有异物或危险物品。

4）拆。对有疑问的物品，通过拆开包装或外壳，检查其内部有无藏匿危险物品。

5）掂。对被检查的物品用手掂其重量，感觉其重量与正常重量是否相符，从而确定是否需要做进一步检查。

6）捏。主要用于对软包装且体积较小的物品（如洗发液、香烟等）的检查，靠手感来判断有无异物。

7）嗅。对被怀疑的物品（主要是爆炸物和具有挥发性的化工类物品），通过嗅闻来判断物品的性质（注意使用“扇闻”的方法）。

8）探。对有疑问的物品，如花盆和盛有物品的坛、罐等无法透视也不能用探测器检查的物品，可用探针进行探查，判断有无异物。

9）摇。对有疑问的物品，如用容器盛装的液体和佛像、香炉等中间可能是空心的物品，可以用摇晃的方法进行检查。

10）敲。对某些不易打开的物品，如拐杖、石膏等，可用手指敲击，听其发音是否正常。

11）开。通过开启、关闭电源开关，检查手机、平板电脑等电器是否正常，防止其被改装为爆炸物。

以上方法一般不单独使用，在实际工作中通常是多种方法结合起来，以便能准确、快速地进行检查。

三、开箱包检查的操作步骤

1）开箱包检查员站在 X 射线安检仪的行李传送带出口处疏导箱包，避免过检箱包被挤压、摔倒。

2）当有箱包需要打开检查时，X 射线安检仪操作员应给开箱包检查员以语言提示。在物主到达前，开箱包检查员控制需打开检查的箱包。物主到达后，开箱包检查员请物主自行打开箱包，然后对箱包实施检查。如果怀疑箱包内有枪支、爆炸物等危险物品，应由开箱包检查员控制箱包，并做到人和物分离。

3）开箱包检查时，开启的箱包应侧对物主，使其能看到自己的物品。

4）根据 X 射线安检仪操作员的提示对箱包进行有针对性的检查。已查和未查的物品要分开，放置要整齐有序。

① 检查箱包的外层时，应注意检查其外部小口袋及有拉链的外夹层。

② 检查箱包的内层和夹层时，应用手沿箱包的各个侧面上下摸查，将所有的夹层、底层和内层小口袋完整、认真地检查一遍。

5）检查过程中，开箱包检查员应根据箱包内物品种类采取相应的方法（看、听、摸、拆、掂、捏、嗅、探、摇、敲、开）进行检查。

6）开箱包检查员将检查出的物品请 X 射线安检仪操作员复核。

① 若属安全物品则交还给旅客本人或将物品放回旅客箱包内，同时协助旅客将箱包恢复原状，再通过 X 射线安检仪对箱包进行复检。

② 若为违禁物品，则做移交处理。

7）若旅客声明携带的物品不宜接受公开性开箱包检查时，开箱包检查员应将此物品交值班领导处理。

8）若遇有旅客携带胶片等不能接受 X 射线安检仪检查的物品时，应进行手工检查。

四、物品检查的范围

物品检查的范围主要包括三个方面：一是对旅客、进入隔离区的工作人员随身携带物品的检查；二是对随机行李物品的检查；三是对航空货物和邮件的检查。

五、开箱包检查的重点对象

1）用 X 射线安检仪检查时，图像模糊不清无法判断物品性质的。

2）用 X 射线安检仪检查时，发现疑似有电池、导线、钟表、粉末状、液体状、枪弹状物及其他可疑物品的。

3）X 射线图像中显示有容器、仪表、瓷器等物品的。

4）照相机、收音机、录音录像机及电子计算机等电器。

5）旅客特别小心或时刻不离身的物品。

6）旅客乘机携带的物品与其职业、事由和季节不相适应的。

7）旅客声称是帮他人携带或来历不明的物品。

8）旅客声明不能用 X 射线安检仪检查的物品。

9）现场表现异常的旅客或群众揭发的嫌疑人所携带的物品。

10）公安部门通报的嫌疑人或列入被查控人员所携带的物品。

11）旅客携带的密码箱进入检查区域发生报警的。

六、X 射线安检仪紧急关机程序

X 射线安检仪上安装有紧急断电按钮，在出现紧急情况时，按下这个按钮可以使系统立即关闭。需要重新开机时，只要拔出这一按钮并按电源开关即可。

开箱包检查动作规范

第二节 旅客随身携带或托运物品的相关规定

一、禁止旅客随身携带或托运的物品

根据中国民用航空局关于发布《民航旅客禁止随身携带和托运物品目录》和《民航旅客限制随身携带或托运物品目录》的公告，禁止旅客随身携带或者托运的物品有如下六大类：

1）枪支、军用或警用械具类（含主要零部件）物品。

2）爆炸物品类。

3）管制刀具。

4）危险物品。

5）其他能够造成人身伤害或者对航空安全和运输秩序构成较大危害的物品。

6）国家法律法规、行政法规、规章规定的其他禁止运输的物品。

二、禁止旅客随身携带但可以作为行李托运的物品

根据《民用航空安全检查规则》附件二规定，禁止旅客随身携带但可以作为行李托运的物品包括：可以用于危害航空安全的菜刀、大剪刀、大水果刀、剃刀等生活用刀，手术刀、屠宰刀、雕刻刀等专业刀具，文艺单位表演用的刀、矛、剑、戟等，以及斧、凿、锥、加重或有尖钉的手杖、铁头登山杖，以及其他可用来危害航空安全的

锐器、钝器。

第三节　乘机旅客随身携带液态物品及打火机的规定

一、乘机旅客随身携带液态物品的规定

为维护旅客生命财产安全，民航局决定从2008年3月14日起调整旅客随身携带液态物品乘坐国内航班的相关措施。《关于禁止旅客随身携带液态物品乘坐国内航班的公告》主要内容如下：

1）乘坐国内航班的旅客一律禁止随身携带液态物品，但可办理交运，其包装应符合民航运输有关规定。

2）旅客携带少量旅行自用的化妆品，每种化妆品限带一件，其容器容积不得超过100毫升，并应置于独立袋内，接受开瓶检查。

3）来自境外需在中国境内机场转乘国内航班的旅客，其携带入境的免税液态物品应置于袋体完好无损且封口的透明塑料袋内，并需出示购物凭证，经安全检查确认无疑后方可携带。

4）有婴儿随行的旅客，购票时可向航空公司申请，由航空公司在机上免费提供液态乳制品；糖尿病患者或其他患者携带必需的液态药品，经安全检查确认无疑后，交由机组保管。

5）乘坐国际、地区航班的旅客，其携带的液态物品仍执行民航局2007年3月17日发布的《关于限制携带液态物品乘坐民航飞机的公告》中有关规定。

6）旅客因违反上述规定造成误机等后果的，责任自负。

液态物品检查

二、乘机旅客随身携带打火机的规定

为维护民航运输秩序，保护旅客生命财产和航空器安全，2015年8月14日，民航局再次发布公告，根据民航公告〔2008〕3号等有关规定，重申旅客乘机禁止以下行为：

1）禁止旅客随身携带打火机、火柴乘坐民航飞机。

2）禁止旅客将打火机、火柴放置在手提行李中运输。

3）禁止旅客将打火机、火柴放置在托运行李中运输。

旅客在办理乘机手续时，应严格遵守以上规定。对于违反上述规定的，民航公安机关将根据情节，依照国家有关法律、法规处理。由此造成的其他后果，由旅客自行承担。

第四节　对开箱包检查中查出的违规物品的处理

一、相关要求及规定

在旅客运输活动中，旅客随身携带或者在行李中夹带违禁物品或者易燃、易爆、有毒、有腐蚀性等危险物品而导致严重后果的例子并不少见。为了维护运输秩序，确保旅客的人身安全及运输工具和其他财产的安全，法律规定旅客不得随身携带或者在行李中夹带易燃、易爆、有毒、有腐蚀性、有放射性，以及有可能危及运输工具上的人身和财产安全的危险物品或者其他违禁物品。这里所指的危险物品是指危及人身安全和财产安全的物品，具体就是指易燃、易爆、有毒等物品，如烟花爆竹、炸药等；违禁物品是指有可能对国家利益和整个社会的利益造成影响的物品，如枪支、毒品等。

在旅客登上飞机之前，承运人一般要对旅客进行安全检查，防止旅客把危险物品或违禁物品带上飞机。对于旅客违反规定把危险物品或违禁物品带上飞机的行为，承运人可以将违禁物品卸下、销毁或者移交有关部门。旅客坚持携带或者夹带违禁物品的，承运人应当拒绝运输。在承运人将危险物品或者违禁物品卸下、销毁或者移交有关部门的情况下，承运人可以不负赔偿责任。同时，如果旅客由于违反规定对其他旅客的人身和财产或者对承运人的财产造成损害的，旅客还应当负赔偿责任。

二、查出的违规物品的处理方法

（一）对查出非管制刀具的处理

1）刀刃长度超过6厘米的非管制刀具不准随身携带，可准予办理托运。

2）国际航班如果有特殊要求，经民航主管部门批准，可按其要求进行处理。

（二）对查出的走私物品、淫秽物品、毒品、赌具、伪钞、反动宣传品等的处理

1）对于检查中发现的走私物品，应移交海关处理。

2）对于查出的淫秽物品、毒品、赌具、伪钞、反动宣传品等，应做好登记并将携带人和物品移交机场公安机关。

（三）对携带含有易燃物质的日常生活用品的处理

1）对于含有易燃物质的日常生活用品，准予限量携带。具体品名、数量参见《民用航空安全检查规则》附件三及民航局相关规定。

2）对于医护人员携带的抢救危重病人所必需的氧气袋等，凭医院的证明并经承运人同意后可予以检查放行。

三、暂存、移交的办理

暂存物品的暂存期限为30天，如果超过30天无人认领，将视为自动放弃，交由民航公安机关处理。暂存物品收据一式三联，开具单据时必须按照单据规定的项目逐项填写，一联留存，一联交旅客，一联粘贴在“暂存物品袋”上。

属于暂存、移交范围的物品包括：

1）禁止旅客随身携带或者托运的物品。

2）禁止旅客随身携带但可作为行李托运的物品。

3）旅客限量携带的生活用品。

第五节　爆炸物的处置

一、爆炸物的处置原则

爆炸物是指具有较大杀伤力的装置，一旦爆炸，将引起严重的后果。因此，在处置爆炸物（包括可疑爆炸物）时要慎重。

1）要尽可能不让爆炸物在人员密集的候机楼内爆炸，万一爆炸也要最大限度地减小爆炸破坏的程度，保障旅客、机场工作人员和排爆人员的安全。

2）发现爆炸物（包括可疑爆炸物）后，应禁止无关人员触动，只有经过专门训练的专职排爆人员才可以实施排爆。

二、处置爆炸物的准备工作

（一）建立排爆组织

如果确定对爆炸物进行处置，要成立排爆组，除领导指挥外，要由有防爆专业知识和经验的专职排爆人员实施排爆。另外，还要组织医护、消防、抢救小组，随时处于待命状态。

（二）准备器材

排除爆炸物是一项危险性极大的任务，为保障排爆人员的生命安全，应尽可能利用防护器材和排爆工具。防护器材主要有机械手、防爆箱、防爆毯、排爆服等，也可用沙袋将爆炸物围起来。排爆工具主要有钳子、剪刀、刀具、竹签、长棍、高速水枪、液态氮等。

（三）清理现场

在排爆现场，应将爆炸物附近的仪器设备全部转移，不能转移的，应采取防护措施。现场的门窗要打开，万一发生爆炸，可以使冲击波能得到释放。如果爆炸物是可转移的，要事先确定排爆地点，通常是在附近没有人员、建筑物和飞机的偏僻地点。如果临时确定改变地点，应及时清理该地区的铁质硬物，最好事先构筑有排爆掩体的设施。

（四）疏散无关人员

即使是最有经验的排爆人员，使用最先进的防护器材和排爆工具去处置爆炸物，也难以百分之百保证爆炸物不爆炸。因此，一旦发现爆炸物，应立即划定警戒范围，疏散无关人员。疏散之前，首先应大致判断爆炸物的类型，判断爆炸物的真假，以决定是否疏散人员；然后判断爆炸物的威力，以决定在多大程度、多大范围内疏散人员。疏散人员的方式有以下三种。

1）不撤离。当某件被怀疑为爆炸物的物品有明显证据证明其为非爆炸物，判断其几乎没有杀伤力时，可以不疏散旅客和其他人员，只做适度的警戒。

2）局部撤离。当某件物品被确认为爆炸物，但威力不是很大时，可以对旅客和其他人员在一定范围内进行疏散。

3）全部撤离。当判断爆炸物的威力很大时，应撤离飞机和建筑物内的全部人员。

三、处置爆炸物的程序

（一）对爆炸物进行判断

处置爆炸物前，首先要判断爆炸物的真假，如果是真，然后做以下判断：假设爆炸的话判断其威力大小，是否有定时装置，是否有水平装置，是否有松、压、拉等机械装置，是否有其他防御装置。

主要判断方法是借助眼、耳、手、鼻等感觉器官，对爆炸物进行检查。首先是看，观察爆炸物是否有暗藏的爆炸装置，检查有无可疑征兆或改动痕迹。其次是嗅，炸药一般具有特殊气味，通过嗅闻来判别是否存在异常气味。再次是听，听有无机械装置运行或其他异常声音。最后就是用手摸、捏或者掂，但这种方法很危险，没有十足把握一般不可轻易使用。

（二）对爆炸物进行处置

处置爆炸物的首要条件是查清爆炸物的结构，根据其结构特点和爆炸物所处的环境，灵活运用不同的处置方法。爆炸物的处置通常由专业人员实施，处置方法有以下三种。

1. 就地销毁

如果确定爆炸物不可移动，应采取就地引爆的方法进行销毁。为减少损失，销毁时可将爆炸物用沙袋围起来。

2. 就地人工失效

就地人工失效是对处于危险状态的延期和触发式爆炸物，首先使其引信失去功能，再对整个爆炸物进行拆卸，使引信和弹体（炸药）分开的一种方法。

3. 转移爆炸物

当爆炸物位于候机楼和飞机上等主要场所，且装有反拆卸装置，无把握进行就地人工失效但能移动时，可将爆炸物先转移到安全地方再进行处理。

读一读

1. 江北机场安检通道前传引导检查员小桂正在对烟花爆竹携带规定进行宣传，一位乘坐春秋航空的儿童旅客在了解乘机相关规定后，主动将 6 枚摔炮交给小桂。14:20，T3A-16 号安检通道 X 射线安检仪操作员小江在旅客随身背包中查获摔炮 43 枚。19:47，T3A-9 号安检通道前传引导检查员小石通过对儿童旅客询问的方式，在旅客随身背包查获摔炮 375 枚（图 5-2）。

图 5-2　查获的违禁物品

2. 安检员小谭在安检通道执行开箱包检查任务时，发现旅客陈某随身行李图像有异常，经开箱包检查，在旅客行李的铁盒内查获打火机 1 个。当日下午 1 时 57 分，安检员小罗在 X 射线安检仪岗位上，发现魏某随身行李图像中有可疑物品。经开箱包检查，在旅客随身行李的袜子内查获火柴 2 盒。

思考题

1. 简述开箱包检查的方法和操作步骤。
2. 禁止旅客随身携带或托运的物品有哪些？
3. 安全检查中若发现危险物品、违禁物品、爆炸物，应如何处理？

第六章　航空危险品及其运输的相关知识

第一节　航空危险品相关知识

一、航空危险品的定义

航空危险品是指能够造成人身伤害或对航空安全和运输秩序构成较大危害的物品。一般来说，航空危险品分为九大类，其中的一些大类又根据其危险性或危险程度不同细分成若干项。

二、危险品的类别及标识

（一）爆炸品

1）爆炸品分为 1.1～1.6 共 6 个项别，专用包装称为配装组，根据标准将内装爆炸物分为 A～S 类，共 13 种类型。

2）绝大多数爆炸品禁止民航运输，极少数可以在货机运输。

3）仅有 1.4S（体育运动弹药）（图 6-1）的爆炸品可以在客机航班运输。

图 6-1　1.4S

注：1.4 项表示不存在显著危险性的物质和物品配装组，它与 S 组两项合称 1.4S。

（二）气体

1. 易燃气体

禁止运输实例：液化气罐、打火机等（图 6-2）。

（a）液化气罐

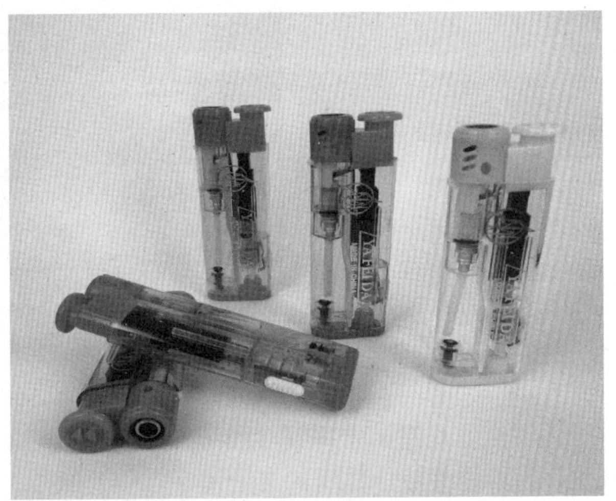

（b）打火机

图 6-2　内有易燃气体的物品

2. 非易燃无毒气体

禁止运输实例：二氧化碳、氧气瓶、液态氮、灭火器、液态氦气等（图 6-3）。

（a）氧气瓶

（b）液态氮

（c）灭火器

图 6-3　内有非易燃无毒气体的物品

3. 毒性气体

危险性特征：大多数毒性气体禁止运输，少数低毒性气体可以运输。

禁止运输实例：低毒性的气溶胶、催泪装置（图 6-4）。

图 6-4　内有毒性气体的物品

（三）易燃液体

易燃液体是指易于挥发和燃烧的液态物质。闪点（液体物质能发生闪燃现象的最低温度，为可燃性液体性质的主要指标之一）低于 28.1℃的为一级易燃液体，极易燃烧和挥发，如汽油等；闪点为 28.1～45℃的为二级易燃液体，容易燃烧和挥发，如煤油、松节油等。

禁止运输实例：汽油、酒精（学名乙醇，图 6-5）。

（a）汽油

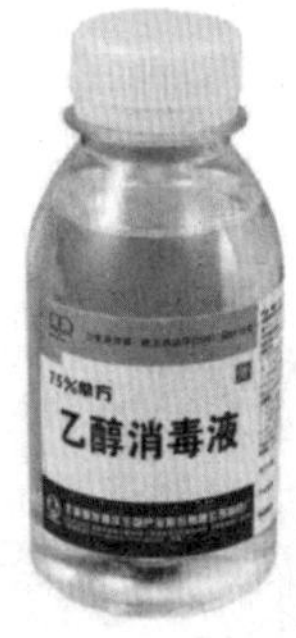

（b）乙醇消毒液

图 6-5　易燃液体

（四）易燃固体、自燃物质和遇水释放易燃气体的物质

1．易燃固体

禁止运输实例：火柴、乒乓球（图 6-6），乒乓球可以少量运输，危险的只是成分中的赛璐珞。

（a）火柴

（b）乒乓球

图 6-6 易燃固体

2. 易燃粉末

禁止运输实例：还原铁粉、铝粉（图 6-7）。

（a）还原铁粉

（b）铝粉

图 6-7 易燃粉末

3. 遇水释放易燃气体的物质

禁止运输实例：碳化钙、钠金属、锂金属（图 6-8）。

图 6-8 锂金属遇水发生剧烈反应

（五）氧化剂、有机过氧化物

1. 氧化剂

禁止运输实例：84 消毒液、过氧化氢（图 6-9）。

（a）84 消毒液

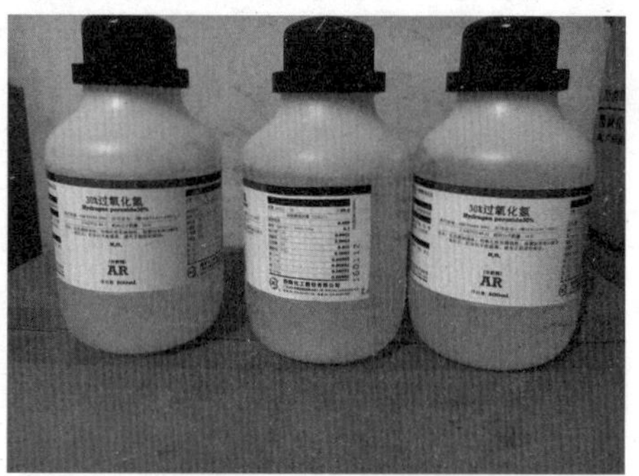

（b）过氧化氢

图 6-9 氧化剂

2. 有机过氧化物

禁止运输实例：过氧乙酸、过氧化甲乙酮（催化剂 M、树脂接触剂）、过氧化苯甲酰等（图 6-10）。

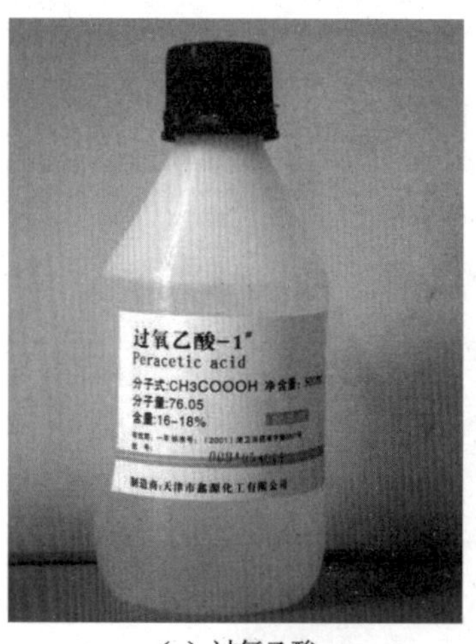

（a）过氧乙酸

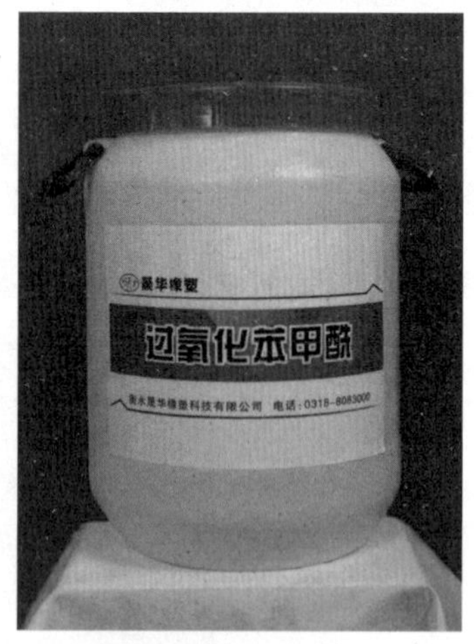

（b）过氧化苯甲酰

图 6-10 有机过氧化物

（六）毒性物质、感染性物质

1）毒性物质，如杀鼠剂、氰化钠等（图 6-11）。

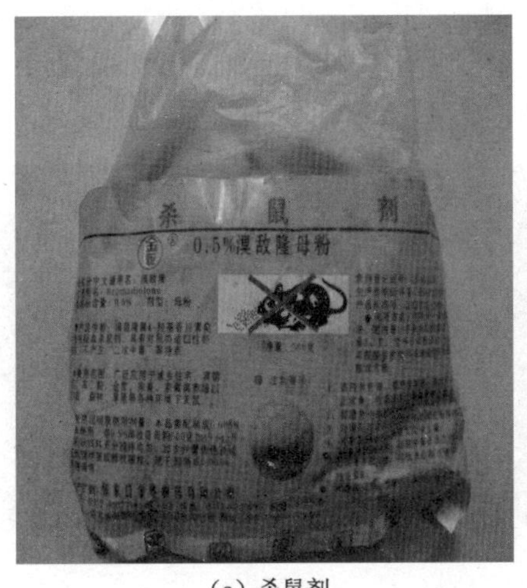

（a）杀鼠剂

（b）氰化钠

图 6-11　毒性物质

2）感染性物质，如细菌、病原体、生物制品（疫苗）、医疗废弃物等。

（七）放射性物质

放射性物质有铀、钚等元素。放射性物质根据运输指数分为Ⅰ、Ⅱ、Ⅲ三个等级。

（八）腐蚀性物质

禁止运输实例：强碱（氢氧化钠、氢氧化钾）、强酸（硫酸、硝酸、盐酸）（图 6-12）。

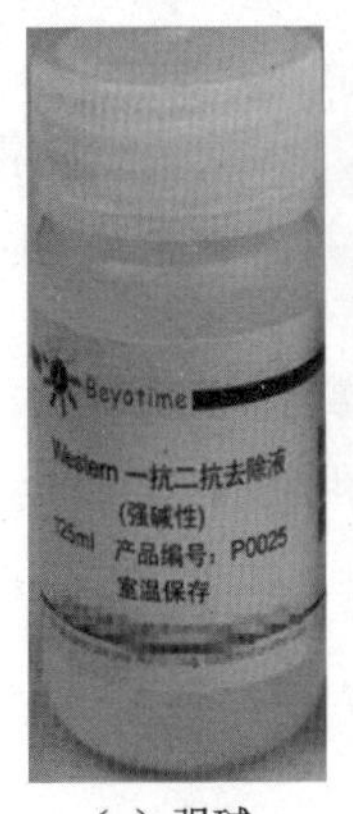

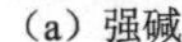
（a）强碱

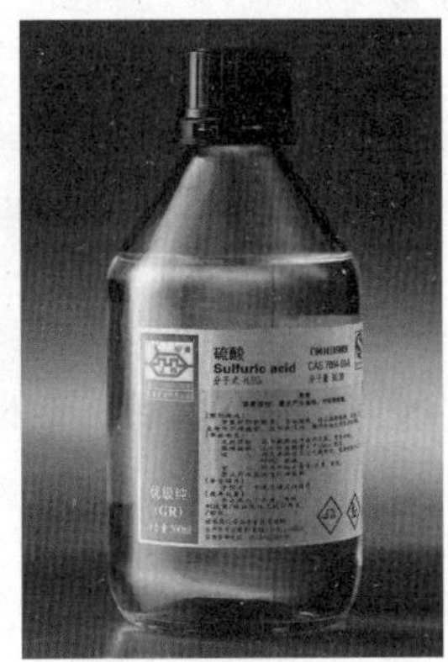

（b）硫酸

图 6-12　腐蚀性物质

（九）杂项危险品

杂项危险品在航空运输中会产生危险但不包含在前八类中。例如，在航空运输中，有的杂项危险品可能会使人产生麻醉性、刺激性反应，继而感到烦躁或不舒适，影响正常飞行。

禁止运输实例：汽车安全气囊、水下照明设备、干冰（图 6-13）。

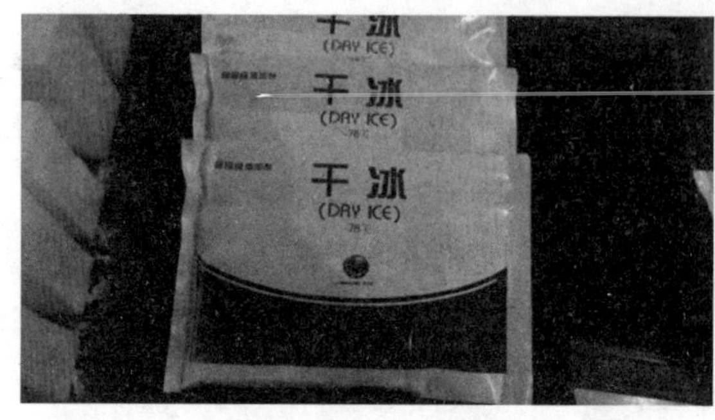

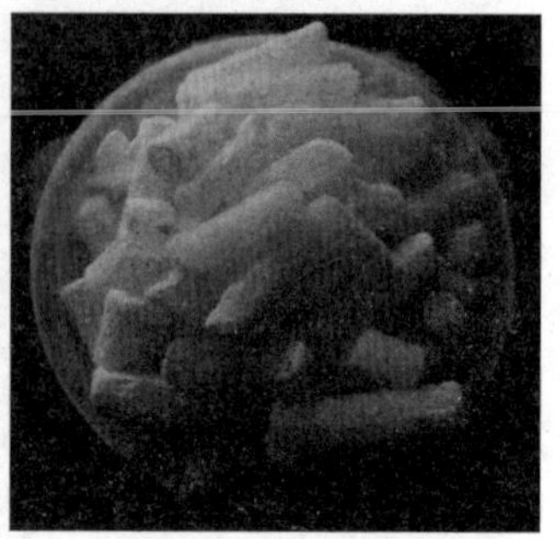

图 6-13　干冰

常见的 10 种杂项危险品如下：

1）疫苗或冷冻食品包装。包装内可能有干冰（干冰是限制运输品）作制冷剂。

2）机动车（轿车、汽车、摩托车）配件。可能含有湿电池、含氮气的减震支架、气囊冲压器/气囊组件、发动机、装有或曾经装有燃油的油箱、含有压缩气体的轮胎充气装置等。

3）呼吸器。可能含有压缩空气瓶、氧气瓶或深冷液化氧气。

4）诊断标本。可能含有感染性物质。

5）游泳池化学剂。可能含有氧化或腐蚀性物质。

6）野营用具。可能含有易燃气体（丁烷、丙烷等）、易燃液体（煤油、汽油等）、火柴等或其他危险品。

7）潜水设备。可能含装有压缩空气的钢瓶、高照明度的潜水灯具。

8）摄影和媒体设备。可能带有爆炸物质的烟火装置、内燃机发电机、湿电池、燃料等。

9）电动器械（轮椅、割草机、高尔夫球车等）。可能带有湿电池。

10）家居用品。可能含有符合危险品标准的物品，如易燃液体（溶剂型油漆、胶黏剂、上光剂等）、排水管清洁剂等。

读一读

1. 酒精质量分数低于或等于 24%的酒精饮料，属于普通货物。酒精质量分数为 24%～70%的酒精饮料，如果每个内包装小于或等于 5 升，可以作为普通货物托运，且每箱不得多于 12 升。

2. X 射线安检仪操作员小黄在检查一封由重庆发往南京，品名为图纸、轴承等的邮件时，发现图像中有可疑危险物品和违禁物品，小黄立即停止检查，对相应邮件进行控制，

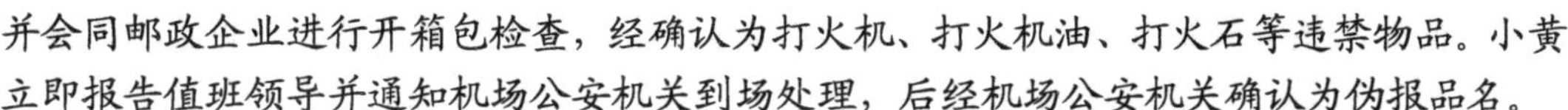

并会同邮政企业进行开箱包检查，经确认为打火机、打火机油、打火石等违禁物品。小黄立即报告值班领导并通知机场公安机关到场处理，后经机场公安机关确认为伪报品名。

第二节　航空危险品的处置方法

一、磁性物质操作要求

运输磁性物质不需要提供危险品申报单，不需要填写危险品检查单和机长通知单，也不收取危险品检查费，但需要在外包装上粘贴磁性物质标签（图 6-14），需要在国际民航信息交换系统 SITA 中录入三字代码 MAG。

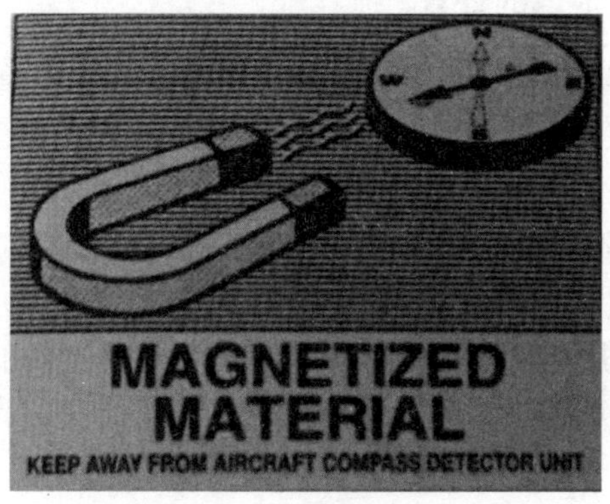

图 6-14　磁性物质标签

二、锂电池的航空运输

锂是一种特别容易发生化学反应的金属，外观呈银白色，质地柔软、可延展，遇到摔碰、掉落、挤压可能引起燃烧。锂的特性如下：遇水或潮湿空气会释放易燃气体；呈固体状态时，当温度超过其熔点（180℃）时，可自燃；呈粉末状时，可在环境温度条件下燃烧，在碰撞、掉落、挤压下也可能引起燃烧；可导致严重灼伤及腐蚀。

读一读

某年 5 月 25 日，北京起飞前往上海的国航 CA1549 次航班在飞行途中遭遇了一场火警。起因是旅客放置在行李箱中的摄像机电池发生自燃，所幸机组人员进行了有效的空中灭火。

有网友事后在微博中写道：“打开行李箱，火苗已有一二十厘米高。”

锂电池一旦在飞行中起火燃烧，现在飞机上使用的灭火剂并不能将其扑灭，并且其燃烧产生的溶解锂会穿透货舱或产生足够压力冲破货舱壁板，使火势蔓延到飞机的其他部位。研究人员还发现，即使货舱内的火情已被扑灭，升高的货舱温度仍会使此类电池自燃并引发强烈二次燃烧。

锂电池属危险品，只有当其符合规定的条件后才可以按例外条款进行运输。作为普通货物运输的锂电池，不需填写特殊装载机长通知单。

另外，所有相关民航法规均要求：①所有锂电池芯及锂电池通过 UN38.3（《联合国危险物品运输试验和标准手册》第 3 部分第 38.3 款）标准测试；②锂电池芯及锂电池划归为第 9 类危险品；③对符合相关规定的锂电池提供了例外条款；④对“锂电池样品”的运输提出了严格的限制；⑤客机上携带的日用类锂电池予以限制；⑥被制造商认为有安全缺陷的和已损坏的锂电池禁止运输；⑦粘贴第 9 类危险性标签；⑧填写“锂离子电池”或“锂金属电池”字样。

三、危险品爆炸、燃烧或泄漏的处置

1）应急领导小组的组长根据爆炸、燃烧和泄漏污染的严重程度下达应急反应指令。值班领导应根据应急反应指令，迅速赶到现场，并通知安全保卫部门负责人迅速赶到现场，组织人员配合机场公安、消防等部门协同施救作业。

2）向能够提供专业救援的机构（如消防、公安、医院、放射防护、防爆等）专家求助，明确说明出事位置、危险品类别、人员受伤情况或货物损害程度等。

3）安全保卫部门负责人应将了解的事态发展和救援工作的情况向领导报告。

4）参与现场扑救的机场工作人员应听从消防和救援部门人员指挥。

四、识别产品

1）在保证安全的前提下观察危险品包装上的标记标签可提供所涉及危险种类的信息，运输专用名称、UN 编号（联合国危险品运输编号）。

2）如果无法在安全前提下通过观察包装来获取危险品信息，应通过检查运输文件以获得危险品的运输专用名称、UN 编号、类别、数量、托运人、收货人姓名、电话。

思考题

1. 航空运输中，危险品有哪些分类？
2. 根据危险品分类，分别列举几种常见的危险品。

第七章　安检部门应急预案案例分析

第一节　紧急情况处置的原则和任务

应急预案即紧急情况处理方案。紧急情况可理解为突然发生的事情，即事情发生、发展的速度很快，出乎意料，难以应对，必须采取非常规方法来处理；也可以理解为意外的、突然发生的重大或敏感事件，简言之，就是天灾人祸，如自然灾害、恐怖事件、社会冲突等。

一、紧急情况处置的基本原则

为了保证安检部门在执勤现场或相关区域发生各类紧急情况时，能够迅速、有效、协调、统一地开展各项应急处置工作，确保空防安全，尽力避免或最大限度地减少人员伤亡和财产损失，在最短的时间内恢复正常的安检工作，就必须根据平时制定的应急预案，结合当时的具体情况，灵活、果断地进行处置。处置紧急情况和拟定紧急情况处置预案应遵循以下原则。

1. 安全第一的原则

安检部门在制定紧急处置时，要从保障民用航空安全出发，以保障旅客及机组人员的生命安全为基本前提；同时还要最大可能地考虑参与处置人员自身的安全，尽量避免人员伤亡，使预案真正体现保障安全的宗旨。

2. 和平解决与武力解决相结合的原则

和平解决，是通过政治攻势，与歹徒谈判，对其加以说服，使其终止犯罪行为。武力解决，是在谈判不成或不必谈判，采取强制措施加以解决。用什么办法解决，要根据当时的具体情况，由指挥员根据有关决策做出决断。

3. 临危不惧、机警灵活

紧急情况都是突然发生的，常常出乎人们的意料。当紧急情况发生时，往往容易使人惊慌。因此，作为安检人员来说，既要有临危不惧的大无畏精神，又要有遇事冷静、机警灵活地处置各类突发事件的应变能力。

4. 迅速、及时的原则

处置突发事件，贵在及时。紧急情况的发生，往往会在瞬间造成财产损失或人员伤亡，能否处置成功，关键要看指挥员和参与处置的人员能否把握好时机，在事件发生的初期或事件发生之前，采取及时、果断的措施迅速加以处置，防止灾难性后果的发生。

5. 服从命令、听从指挥、协同作战的原则

处置突发事件，必须由纪律严明、训练有素的专门人员实施。紧急情况发生后，参与处置的人员必须服从命令、听从指挥，防止处置工作中出现漏洞，或因私自行动而影响整个处置工作的顺利实施。

二、安全检查部门在紧急情况处置中的任务

1）协助机场其他单位处理紧急事务。
2）维护现场秩序。
3）疏散旅客。
4）协助公安和武警抓获犯罪分子。
5）抢救伤员以及做好现场替代等工作。

第二节　安检部门应急预案

一、安检部门紧急情况处置人员的组成

安检部门紧急情况处置人员包括以下人员：
1）安检部门领导。
2）安检现场执勤的安检科、监护科的部分人员。
3）安检部门机关人员。
4）保障车辆的司机。

读一读

江北机场进行拉练，模拟出现极端天气，立即启动应急预案，并于2号集结点集结待命，采用无方案、无脚本、无提前通知的形式，真实检验安检站信息传递、应急响应、整体反应速率。当日14时30分，安防中心发布（2号集结点）集结待命指令，各部门接收到指令后按照极端天气应急预案的相关程序快速集结队伍赶赴集结点。此次拉练耗时8分10秒，共计25人参与。

拉练结束后，当日安检站值班领导进行了讲评。他表示，近期气温骤降，各部门要持续开展特殊天气应急救援培训，做好应急防范工作；严格值班值守，加强航班运行保障和旅客服务工作。

二、案例分析

案例 1

早上，怀抱婴儿的旅客王女士来到了安检现场。人身检查完毕后，安检开机员告诉安检员小李该旅客行李箱包中有一瓶刚冲好的奶。小李随后向王女士解释，根据民航局的规定，液态物品不能随身带上飞机，如需携带应办理托运。因为托运时间已过，王女士只好把奶倒掉。此时，小李注意到，王女士虽然听取了自己的解释，但脸上仍显露出了不解与无助的神态。于是小李主动上前询问："女士，您好，如果您确实需要给孩子喂奶粉，我去我们休息室帮您冲吧？"听到小李的询问，王女士露出了难以置信的表情。眼看王女士的登机时间快到了，小李迅速赶到休息室细心地为王女士调好了奶粉的分量，测试好水温。当小李把冲好的奶递给王女士时，小李再一次向她讲解了相关的安检规定，希望获得她的体谅和配合。在接过奶瓶的同时，王女士表示，通过这件事，她感受到了机场的贴心服务，她非常满意机场对安全工作的重视及服务工作的热情耐心，并称赞安检人员拥有一流的服务品质。

分析：

安检人员应该执行民航局的规定，即液态物品不能随身带上飞机。在注重安全的同时，安检人员也应该考虑到旅客的需求，尽可能去帮助旅客。在此案例中，小李告诉王女士不能携带液态物品，即冲好的奶时，并没有就此了之，而是去休息室帮她另外冲了奶，这样既得到了旅客的理解，又得到了旅客的感谢和赞扬。

案例 2

安检开机员通过X射线安检仪发现箱包里一个铁笼里似乎装着什么东西，于是指着可疑图像叫开箱包检查员进行开箱包检查。开箱包检查员让旅客田女士打开箱包，发现铁笼里装着一只小猫。开箱包检查员告诉田女士，根据民航局相关规定，旅客携带的活体动物（宠物），除经承运人特许外，一律不能放在客舱内运输，只能作为托运物品办理相关手续。旅客运输小动物，必须在订座或购票时提出，并提供动物检疫证明，经承运人同意后方可托运，并建议田女士去办理托运。安检开机员问开箱包检查员："她还有没有时间去办理托运？"开箱包检查员检查田女士的登机牌后告诉她，如果有送行人，最好让送行人把猫带走，因为这趟航班已经停止办理托运了。开箱包检查员还告诉她也可以改签下一趟航班，再办理托运。最后田女士让其朋友将小猫带走了。

分析：

对于旅客携带不能带上飞机必须托运的物品时，不可贸然让其去托运。在让旅客去办理托运前一定要注意旅客的登机时间，以免造成旅客误机的结果。

案例 3

一名男性旅客乘坐民航班机时，声称自己体内藏有毒品。安检人员检查后发现，其体内并无毒品。原来，这名旅客原本身上没有任何违禁物品，只是对正常的检查程序产生反感，因而谎称体内藏有毒品以宣泄不满情绪。该旅客的行为严重扰乱了安检现场工作秩序。

分析：

一些旅客对安检程序不理解甚至反感，会表现出不配合或有过激的言行。安检人员应耐心听取旅客意见和建议，遇有此类情况要做好解释工作，尽量争取得到旅客的支持和配合。对自称有违禁物品干扰安检正常工作的，不能掉以轻心，应对其实行严格的安全检查，并果断采取措施进行处置，不给不法分子以可乘之机，具体应注意做到以下几点：

1）遇有旅客自称身上藏有违禁物品的，交由值班领导处理。

2）填写问题交接处理单并移交机场公安机关处理，及时了解处理结果或反馈的信息。

3）对检查情况和处理结果做好记录。

案例 4

一名女性旅客在通过金属探测门时，金属探测门报警。安检人员提醒旅客将身上的金属物品取下，接受人身检查。该旅客声称身上没有东西并催促快些检查，称自己的航班马上就要起飞了。安检人员在检查到旅客胸部时，手持金属探测器发出警报；进一步检查至旅客腹部时，手持金属探测器也发出警报。安检人员发现情况可疑，随即报告值班领导。值班领导指派两名女性安检人员将这名旅客带至检查室实施手工人身检查，最终在该旅客的内衣内查获钢珠枪子弹一发，在小腹处查出钢珠枪一支、子弹一发。

分析：

在本案例中，一是携带者为女性，将违禁物品藏匿在不便公开检查的部位（胸腹部）；二是采取枪弹分离方式藏匿携带，增加检查难度。该旅客的言行具有一定的蒙

蔽性，她一再声称自己身上没有其他物品，而且以自己的航班马上就起飞了为借口催促检查，企图干扰安检人员。

在工作中，安检人员要对旅客的报警部位严格检查，做到探测器到、眼到、手到、心到。在对旅客进行人身复查后，要求其重过金属探测门检查，做到不排除疑点不放行。对于不便在公开场所进行检查的人，经值班领导同意，进行非公开检查。具体应注意做到如下几点：

1）发现旅客藏匿可疑物品时，及时报告值班领导。

2）组织人员对其从严检查。

3）填写问题交接处理单，并移交机场公安机关处理。

4）对检查情况和处理结果做好记录。

案例 5

在天气炎热的夏季，一名旅客乘坐民航班机，他上身穿着短袖衬衣，下身着一条薄长裤，脚上却穿着高筒皮靴。安检人员发现其着装异常、不合时令后，便针对可疑的高筒皮靴进行细致检查，结果查出一把藏匿在皮靴内的猎刀。

分析：

这则案例提醒我们，对着装与其身份不相符或不合时令者，应作为重点检查对象从严检查。检查时要注意对旅客的头部、肩部、胸部、臀部、腋下、腰部、腹部、裆部、手腕、脚部、鞋子等容易藏匿违禁物品的部位进行细致检查。在检查过程中，还要注意观察旅客的行为动态，防止不法分子行凶、逃跑或毁灭证据。在情况紧急时，按紧急预案处置，注意做到如下几点：

1）在检查中发现藏匿违禁物品时，不要惊慌失措，应及时报告值班领导。

2）组织人员对该旅客进行控制，彻底检查排除疑点。

3）填写问题交接处理单，并移交机场公安机关处理。

4）对检查情况和处理结果做好记录。

读一读

乘坐 MU2478 航班前往武汉的旅客彭某，将拆分后的金属打火机分别放在身上和行李中企图蒙混过安检，最终被查获并移交机场公安机关做进一步处理。第一次将打火机带在身上被查出后，该旅客要求外出自行处理；第二次过安检时，该旅客已将打火机放入行李中，被 X 射线安检仪操作员查获，该旅客再次要求外出自行处理；当该旅客第三次进入安检通道时，他已将打火机机壳和机芯拆分，分别放在不同行李中，并故意将机芯隐匿夹带在电源线里面，结果再次被查获。由于该旅客具有故意隐匿携带打火机的行为，安检人员将其移交机场公安机关做进一步处理。

思考题

某天早上7:30左右，旅客黄先生打算乘坐南航CZ3123航班飞往北京，安检人员对其进行人身检查，当查到手腕位置时，手持金属探测器发出警报。人身检查员小邓便对其手腕位置仔细检查，发现黄先生手腕上所戴的手表有些异常，便请他将手表摘下来接受检查。黄先生此时有点愤怒，对小邓说："不就一个手表吗，有什么好检查的？"此时，小邓应该如何处理？

第八章　安检常用英语

第一节　安检常用工作词汇

bag	袋，包
baggage check	行李检查
belongings	所有物，财产
chewing gum	口香糖
cigarette	香烟
confiscate	把……没收
contraband	违禁品
conveyor belt	传送带
dagger/knife	匕首/刀
dangerous article	危险物品
detain	扣留
detect	探测
drink	饮料
explosive article	易爆物品
forbidden article/contraband	违禁物品
give up	放弃
identity card	身份证
inflammable article	易燃物品
laptop/portable computer	便携式计算机
lighter	打火机
lost and found	失物招领处
metal detector/security gate	金属探测门
metal objects	金属物品
mineral water	矿泉水

mobile phone	手机
personal search	人身检查
pocket	口袋
regulation	规定
security check	安全检查
souvenir	纪念品
valuables	随身物品
wallet	钱包
X-ray machine	X 射线安检仪

第二节　安全检查流程常用工作会话

一、验证检查岗位工作会话示例

1）Good morning/afternoon/evening, Sir/Madam, please show me your passport/credentials.
早上好/下午好/晚上好，先生/女士，请出示您的护照/证件。

2）Please show me your ID card.
请出示您的身份证。

3）Excuse me, your certificate level is not allowed here, that way please.
您好，您的证件等级不允许通过，请朝那边走。

4）OK, please go in/ahead.
好了，请往里面走。

5）Sorry, there is something wrong with your passport, please wait a moment.
不好意思，您的护照有点问题，请稍等一下。

6）Please wait behind the yellow line.
请在黄线外等候。

7）Please be patient.
请耐心等候。

8）Sorry, this is for staff only.
对不起，这是员工通道。

二、前传引导检查岗位工作会话示例

1）Please pass through the detector one by one.
请一个一个地通过探测门。

2）Please put your baggage on the conveyor belt.

您好，请把您的行李放在传送带上。

3）Please put all your metallic objects such as coin, cell phone, chewing gum, cigarettes, and anything with aluminum foil into the basket.

请把您随身携带的所有金属物品，如硬币、手机、口香糖、香烟及带锡纸的物品等放在筐里。

4）Excuse me, sir/madam, please take out your computer and put it in the basket.

对不起，先生/女士，请把您的计算机从包里取出放入筐里。

5）Take off your jacket, please.

请把您的外套脱下。

6）Anything else in your pocket？

口袋里还有其他物品吗？

7）This way please.

这边请。

8）Please put your belongings in the basket.

请把随身物品放在筐里。

三、人身检查岗位工作会话示例

1）Please come over for inspection.

请过来接受检查。

2）Come in, please.

请走进来。

3）Please stand up.

请站上来。

4）Please raise/stand your arms,bear for the security check.

请您抬起/张开双臂，接受检查。

5）Please unbutton your coat.

请把您的衣扣解开。

6）What’s in your pocket?

口袋里是什么东西？

7）Turn around please.

请转身。

8）Checking is done，thank you for your cooperation.

检查完毕，谢谢您的配合。

四、开箱包检查岗位工作会话示例

1）This is regular check,please comply.

这是安检工作程序，请您遵照执行。

2）You can take your baggage now.

请拿好您的行李。

3）Checking is done,thank you for your cooperation.

检查完毕，谢谢您的配合。

4）Could you take…out of your bag for inspection?

您可以将……取出让我们检查吗？

5）Please trigger the shutter of the camera.

请按一下照相机的快门。

五、其他常用语句

1）Excuse me,what can I do for you?

打扰一下，请问我有什么可以帮您的吗？

2）Pardon?

请再说一遍？

3）Stand in a line here please.Don't push.One at a time.Please be patient.

请在这儿排队。不要拥挤。一次一位。请耐心等候。

4）But I'm sorry, you have to wait in the place over there.

抱歉，您只能到那边等候。

5）What's your flight number?

您的航班号是什么？

思考题

用英语回答以下问题:

1. What is the airport fee?
2. What's the security check for?

附录1　民用航空安全检查规则

第一章　总　　则

第一条　为了规范民用航空安全检查工作，防止对民用航空活动的非法干扰，维护民用航空运输安全，依据《中华人民共和国民用航空法》《中华人民共和国民用航空安全保卫条例》等有关法律、行政法规，制定本规则。

第二条　本规则适用于在中华人民共和国境内的民用运输机场进行的民用航空安全检查工作。

第三条　民用航空安全检查机构（以下简称“民航安检机构”）按照有关法律、行政法规和本规则，通过实施民用航空安全检查工作（以下简称“民航安检工作”），防止未经允许的危及民用航空安全的危险品、违禁品进入民用运输机场控制区。

第四条　进入民用运输机场控制区的旅客及其行李物品，航空货物、航空邮件应当接受安全检查。拒绝接受安全检查的，不得进入民用运输机场控制区。国务院规定免检的除外。

旅客、航空货物托运人、航空货运销售代理人、航空邮件托运人应当配合民航安检机构开展工作。

第五条　中国民用航空局、中国民用航空地区管理局（以下统称“民航行政机关”）对民航安检工作进行指导、检查和监督。

第六条　民航安检工作坚持安全第一、严格检查、规范执勤的原则。

第七条　承运人按照相关规定交纳安检费用，费用标准按照有关规定执行。

第二章　民航安检机构

第八条　民用运输机场管理机构应当设立专门的民航安检机构从事民航安检工作。

公共航空运输企业从事航空货物、邮件和进入相关航空货运区人员、车辆、物品的安全检查工作的，应当设立专门的民航安检机构。

第九条　设立民航安检机构的民用运输机场管理机构、公共航空运输企业（以下简称“民航安检机构设立单位”）对民航安检工作承担安全主体责任，提供符合中国民用航空局（以下简称“民航局”）规定的人员、经费、场地及设施设备等保障，提供符合国家标准或者行业标准要求的劳动防护用品，保护民航安检从业人员劳动安全，确保民航安检机构的正常运行。

第十条　民航安检机构的运行条件应当包括：

（一）符合民用航空安全保卫设施行业标准要求的工作场地、设施设备和民航安检信息管理系统；

（二）符合民用航空安全检查设备管理要求的民航安检设备；

（三）符合民用航空安全检查员定员定额等标准要求的民航安全检查员；

（四）符合本规则和《民用航空安全检查工作手册》要求的民航安检工作运行管理文件；

（五）符合民航局规定的其他条件。

第十一条　民航行政机关审核民用机场使用许可、公共航空运输企业运行合格审定申请时，应当对其设立的民航安检机构的运行条件进行审查。

第十二条　民航安检机构应当根据民航局规定，制定并实施民航安检工作质量控制和培训管理制度，并建立相应的记录。

第十三条　民航安检机构应当根据工作实际，适时调整本机构的民航安检工作运行管理文件，以确保持续有效。

第三章　民航安全检查员

第十四条　民航安检机构应当使用符合以下条件的民航安全检查员从事民航安检工作：

（一）具备相应岗位民航安全检查员国家职业资格要求的理论和技能水平；

（二）通过民用航空背景调查；

（三）完成民航局民航安检培训管理规定要求的培训。

对不适合继续从事民航安检工作的人员，民航安检机构应当及时将其调离民航安检工作岗位。

第十五条　民航安检现场值班领导岗位管理人员应当具备民航安全检查员国家职业资格三级以上要求的理论和技能水平。

第十六条　民航安全检查员执勤时应当着民航安检制式服装，佩戴民航安检专门标志。民航安检制式服装和专门标志式样和使用由民航局统一规定。

第十七条　民航安全检查员应当依据本规则和本机构民航安检工作运行管理文件的要求开展工作，执勤时不得从事与民航安检工作无关的活动。

第十八条　X射线安检仪操作检查员连续操机工作时间不得超过 30 分钟，再次操作 X 射线安检仪间隔时间不得少于 30 分钟。

第十九条　民航安检机构设立单位应当根据国家和民航局、地方人民政府有关规定，为民航安全检查员提供相应的岗位补助、津贴和工种补助。

第二十条　民航安检机构设立单位或民航安检机构应当为安全检查员提供以下健

康保护：

（一）每年不少于一次的体检并建立健康状况档案；

（二）除法定假期外，每年不少于两周的带薪休假；

（三）为怀孕期和哺乳期的女工合理安排工作。

第四章 民航安检设备

第二十一条 民航安检设备实行使用许可制度。用于民航安检工作的民航安检设备应当取得“民用航空安全检查设备使用许可证书”并在“民用航空安全检查设备使用许可证书”规定的范围内使用。

第二十二条 民航安检机构设立单位应当按照民航局规定，建立并运行民航安检设备的使用验收、维护、定期检测、改造及报废等管理制度，确保未经使用验收检测合格、未经定期检测合格的民航安检设备不得用于民航安检工作。

第二十三条 民航安检机构设立单位应当按照民航局规定，上报民航安检设备使用验收检测、定期检测、报废等相关信息。

第二十四条 从事民航安检设备使用验收检测、定期检测的人员应当通过民航局规定的培训。

第五章 民航安检工作实施

第一节 一般性规定

第二十五条 民航安检机构应当按照本机构民航安检工作运行管理文件组织实施民航安检工作。

第二十六条 公共航空运输企业、民用运输机场管理机构应当在售票、值机环节和民航安检工作现场待检区域，采用多媒体、实物展示等多种方式，告知公众民航安检工作的有关要求、通告。

第二十七条 民航安检机构应当按照民航局要求，实施民航安全检查安全信用制度。对有民航安检违规记录的人员和单位进行安全检查时，采取从严检查措施。

第二十八条 民航安检机构设立单位应当在民航安检工作现场设置禁止拍照、摄像警示标识。

第二节 旅客及其行李物品的安全检查

第二十九条 旅客及其行李物品的安全检查包括证件检查、人身检查、随身行李物品检查、托运行李检查等。安全检查方式包括设备检查、手工检查及民航局规定的其他安全检查方式。

第三十条 旅客不得携带或者在行李中夹带民航禁止运输物品，不得违规携带或者在行李中夹带民航限制运输物品。民航禁止运输物品、限制运输物品的具体内容由民航局制定并发布。

第三十一条　乘坐国内航班的旅客应当出示有效乘机身份证件和有效乘机凭证。对旅客、有效乘机身份证件、有效乘机凭证信息一致的，民航安检机构应当加注验讫标识。

有效乘机身份证件的种类包括：中国大陆地区居民的居民身份证、临时居民身份证、护照、军官证、文职干部证、义务兵证、士官证、文职人员证、职工证、武警警官证、武警士兵证、海员证，香港、澳门地区居民的港澳居民来往内地通行证，台湾地区居民的台湾居民来往大陆通行证；外籍旅客的护照、外交部签发的驻华外交人员证、外国人永久居留证；民航局规定的其他有效乘机身份证件。

十六周岁以下的中国大陆地区居民的有效乘机身份证件，还包括出生医学证明、户口簿、学生证或户口所在地公安机关出具的身份证明。

第三十二条　旅客应当依次通过人身安检设备接受人身检查。对通过人身安检设备检查报警的旅客，民航安全检查员应当对其采取重复通过人身安检设备或手工人身检查的方法进行复查，排除疑点后方可放行。对通过人身安检设备检查不报警的旅客可以随机抽查。

旅客在接受人身检查前，应当将随身携带的可能影响检查效果的物品，包括金属物品、电子设备、外套等取下。

第三十三条　手工人身检查一般由与旅客同性别的民航安全检查员实施；对女性旅客的手工人身检查，应当由女性民航安全检查员实施。

第三十四条　残疾旅客应当接受与其他旅客同样标准的安全检查。接受安全检查前，残疾旅客应当向公共航空运输企业确认具备乘机条件。

残疾旅客的助残设备、服务犬等应当接受安全检查。服务犬接受安全检查前，残疾旅客应当为其佩戴防咬人、防吠叫装置。

第三十五条　对要求在非公开场所进行安全检查的旅客，如携带贵重物品、植入心脏起搏器的旅客和残疾旅客等，民航安检机构可以对其实施非公开检查。检查一般由两名以上与旅客同性别的民航安全检查员实施。

第三十六条　对有下列情形的，民航安检机构应当实施从严检查措施：

（一）经过人身检查复查后仍有疑点的；

（二）试图逃避安全检查的；

（三）旅客有其他可疑情形，正常检查无法排除疑点的。

从严检查措施应当由两名以上与旅客同性别的民航安全检查员在特别检查室实施。

第三十七条　旅客的随身行李物品应当经过民航行李安检设备检查。发现可疑物品时，民航安检机构应当实施开箱包检查等措施，排除疑点后方可放行。对没有疑点的随身行李物品可以实施开箱包抽查。实施开箱包检查时，旅客应当在场并确认箱包归属。

第三十八条　旅客的托运行李应当经过民航行李安检设备检查。发现可疑物品时，民航安检机构应当实施开箱包检查等措施，排除疑点后方可放行。对没有疑点的托运行李可以实施开箱包抽查。实施开箱包检查时旅客应当在场并确认箱包归属，但是公共航空运输企业与旅客有特殊约定的除外。

第三十九条　根据国家有关法律法规和民航危险品运输管理规定等相关要求，属于经公共航空运输企业批准方能作为随身行李物品或者托运行李运输的特殊物品，旅客凭公共航空运输企业同意承运证明，经安全检查确认安全后放行。

公共航空运输企业应当向旅客通告特殊物品目录及批准程序，并与民航安检机构明确特殊物品批准和信息传递程序。

第四十条　对液体、凝胶、气溶胶等液态物品的安全检查，按照民航局规定执行。

第四十一条　对禁止旅客随身携带但可以托运的物品，民航安检机构应当告知旅客可作为行李托运、自行处置或者暂存处理。

对于旅客提出需要暂存的物品，民用运输机场管理机构应当为其提供暂存服务。暂存物品的存放期限不超过30天。

民用运输机场管理机构应当提供条件，保管或处理旅客在民航安检工作中暂存、自弃、遗留的物品。

第四十二条　对来自境外，且在境内民用运输机场过站或中转的旅客及其行李物品，民航安检机构应当实施安全检查。但与中国签订互认航空安保标准条款的除外。

第四十三条　对来自境内，且在境内民用运输机场过站或中转的旅客及其行李物品，民航安检机构不再实施安全检查。但旅客及其行李物品离开候机隔离区或与未经安全检查的人员、物品相混或者接触的除外。

第四十四条　经过安全检查的旅客进入候机隔离区以前，民航安检机构应当对候机隔离区实施清场，实施民用运输机场控制区24小时持续安保管制的机场除外。

第三节　航空货物、航空邮件的安全检查

第四十五条　航空货物应当依照民航局规定，经过安全检查或者采取其他安全措施。

第四十六条　对航空货物实施安全检查前，航空货物托运人、航空货运销售代理人应当提交航空货物安检申报清单和经公共航空运输企业或者其地面服务代理人审核的航空货运单等民航局规定的航空货物运输文件资料。

第四十七条　航空货物应当依照航空货物安检要求通过民航货物安检设备检查。检查无疑点的，民航安检机构应当加注验讫标识放行。

第四十八条　对通过民航货物安检设备检查有疑点、图像不清或者图像显示与申报不符的航空货物，民航安检机构应当采取开箱包检查等措施，排除疑点后加注验讫标识放行。无法排除疑点的，应当加注退运标识作退运处理。

开箱包检查时，托运人或者其代理人应当在场。

第四十九条　对单体超大、超重等无法通过航空货物安检设备检查的航空货物，装入航空器前应当采取隔离停放至少24小时安全措施，并实施爆炸物探测检查。

第五十条　对航空邮件实施安全检查前，邮政企业应当提交经公共航空运输企业或其地面服务代理人审核的邮包路单和详细邮件品名、数量清单等文件资料或者电子

数据。

第五十一条　航空邮件应当依照航空邮件安检要求通过民航货物安检设备检查，检查无疑点的，民航安检机构应当加注验讫标识放行。

第五十二条　航空邮件通过民航货物安检设备检查有疑点、图像不清或者图像显示与申报不符的，民航安检机构应当会同邮政企业采取开箱包检查等措施，排除疑点后加注验讫标识放行。无法开箱包检查或无法排除疑点的，应当加注退运标识退回邮政企业。

第四节　其他人员、物品及车辆的安全检查

第五十三条　进入民用运输机场控制区的其他人员、物品及车辆，应当接受安全检查。拒绝接受安全检查的，不得进入民用运输机场控制区。

对其他人员及物品的安全检查方法与程序应当与对旅客及行李物品检查方法和程序一致，有特殊规定的除外。

第五十四条　对进入民用运输机场控制区的工作人员，民航安检机构应当核查民用运输机场控制区通行证件，并对其人身及携带物品进行安全检查。

第五十五条　对进入民用运输机场控制区的车辆，民航安检机构应当核查民用运输机场控制区车辆通行证件，并对其车身、车底及车上所载物品进行安全检查。

第五十六条　对进入民用运输机场控制区的工具、物料或者器材，民航安检机构应当根据相关单位提交的工具、物料或者器材清单进行安全检查、核对和登记，带出时予以核销。工具、物料和器材含有民航禁止运输物品或限制运输物品的，民航安检机构应当要求其同时提供民用运输机场管理机构同意证明。

第五十七条　执行飞行任务的机组人员进入民用运输机场控制区的，民航安检机构应当核查其民航空勤通行证件和民航局规定的其他文件，并对其人身及物品进行安全检查。

第五十八条　对进入民用运输机场控制区的民用航空监察员，民航安检机构应当核查其民航行政机关颁发的通行证并对其人身及物品进行安全检查。

第五十九条　对进入民用运输机场控制区的航空配餐和机上供应品，民航安检机构应当核查车厢是否锁闭，签封是否完好，签封编号与运输台账记录是否一致。必要时可以进行随机抽查。

第六十条　民用运输机场管理机构应当对进入民用运输机场控制区的商品进行安全备案并进行监督检查，防止进入民用运输机场控制区内的商品含有危害民用航空安全的物品。

对进入民用运输机场控制区的商品，民航安检机构应当核对商品清单和民用运输机场商品安全备案目录一致，并对其进行安全检查。

第六章　民航安检工作特殊情况处置

第六十一条　民航安检机构应当依照本机构突发事件处置预案，定期实施演练。

第六十二条 已经安全检查的人员、行李、物品与未经安全检查的人员、行李、物品不得相混或接触。如发生相混或接触，民用运输机场管理机构应当采取以下措施：

（一）对民用运输机场控制区相关区域进行清场和检查；

（二）对相关出港旅客及其随身行李物品再次安全检查；

（三）如旅客已进入航空器，应当对航空器客舱进行航空器安保检查。

第六十三条 有下列情形之一的，民航安检机构应当报告公安机关：

（一）使用伪造、变造的乘机身份证件或者乘机凭证的；

（二）冒用他人乘机身份证件或者乘机凭证的；

（三）随身携带或者托运属于国家法律法规规定的危险品、违禁品、管制物品的；

（四）随身携带或者托运本条第三项规定以外民航禁止运输、限制运输物品，经民航安检机构发现提示仍拒不改正，扰乱秩序的；

（五）在行李物品中隐匿携带本条第三项规定以外民航禁止运输、限制运输物品，扰乱秩序的；

（六）伪造、变造、冒用危险品航空运输条件鉴定报告或者使用伪造、变造的危险品航空运输条件鉴定报告的；

（七）伪报品名运输或者在航空货物中夹带危险品、违禁品、管制物品的；

（八）在航空邮件中隐匿、夹带运输危险品、违禁品、管制物品的；

（九）故意散播虚假非法干扰信息的；

（十）对民航安检工作现场及民航安检工作进行拍照、摄像，经民航安检机构警示拒不改正的；

（十一）逃避安全检查或者殴打辱骂民航安全检查员或者其他妨碍民航安检工作正常开展，扰乱民航安检工作现场秩序的；

（十二）清场、航空器安保检查、航空器安保搜查中发现可疑人员或者物品的；

（十三）发现民用机场公安机关布控的犯罪嫌疑人的；

（十四）其他危害民用航空安全或者违反治安管理行为的。

第六十四条 有下列情形之一的，民航安检机构应当采取紧急处置措施，并立即报告公安机关：

（一）发现爆炸物品、爆炸装置或者其他重大危险源的；

（二）冲闯、堵塞民航安检通道或者民用运输机场控制区安检道口的；

（三）在民航安检工作现场向民用运输机场控制区内传递物品的；

（四）破坏、损毁、占用民航安检设备设施、场地的；

（五）其他威胁民用航空安全，需要采取紧急处置措施行为的。

第六十五条 有下列情形之一的，民航安检机构应当报告有关部门处理：

（一）发现涉嫌走私人员或者物品的；

（二）发现违规运输航空货物的；

（三）发现不属于公安机关管理的危险品、违禁品、管制物品的。

第六十六条　威胁增加时，民航安检机构应当按照威胁等级管理办法的有关规定调整安全检查措施。

第六十七条　民航安检机构应当根据本机构实际情况，与相关单位建立健全应急信息传递及报告工作程序，并建立记录。

第七章　监 督 检 查

第六十八条　民航行政机关及民用航空监察员依法对民航安检工作实施监督检查，行使以下职权：

（一）审查并持续监督民航安检机构的运行条件符合民航局有关规定；

（二）制定民航安检工作年度监督检查计划，并依据监督检查计划开展监督检查工作；

（三）进入民航安检机构及其设立单位进行检查，调阅有关资料，向有关单位和人员了解情况；

（四）对检查中发现的问题，当场予以纠正或者规定限期改正；对依法应当给予行政处罚的行为，依法作出行政处罚决定；

（五）对检查中发现的安全隐患，规定有关单位及时处理，对重大安全隐患实施挂牌督办；

（六）对有根据认为不符合国家标准或者行业标准的设施、设备予以查封或者扣押，并依法作出处理决定；

（七）依法对民航安检机构及其设立单位的主要负责人、直接责任人进行行政约见或者警示性谈话。

第六十九条　民航安检机构及其设立单位应当积极配合民航行政机关依法履行监督检查职责，不得拒绝、阻挠。对民航行政机关依法作出的监督检查书面记录，被检查单位负责人应当签字，拒绝签字的，民用航空监察员应当将情况记录在案，并向民航行政机关报告。

第七十条　民航行政机关应当建立民航安检工作违法违规行为信息库，如实记录民航安检机构及其设立单位的违法行为信息。对违法行为情节严重的单位，应当纳入行业安全评价体系，并通报其上级政府主管部门。

第七十一条　民航行政机关应当建立民航安检工作奖励制度，对保障空防安全、地面安全以及在突发事件处置、应急救援等方面有突出贡献的集体和个人，按贡献给予不同级别的奖励。

第七十二条　民航行政机关应当建立举报制度，公开举报电话、信箱或者电子邮件地址，受理并负责调查民航安检工作违法违规行为的举报。

任何单位和个人发现民航安检机构运行存在安全隐患或者未按照规定实施民航安检工作的，有权向民航行政机关报告或者举报。

民航行政机关应当依照国家有关奖励办法，对报告重大安全隐患或者举报民航安检工作违法违规行为的有功人员，给予奖励。

第八章 法 律 责 任

第七十三条 违反本规则第十条规定，民用运输机场管理机构设立的民航安检机构运行条件不符合本规则要求的，由民航行政机关责令民用运输机场限期改正；逾期不改正的或者经改正仍不符合要求的，由民航行政机关依据《民用机场管理条例》第六十八条对民用运输机场作出限制使用的决定，情节严重的，吊销民用运输机场使用许可证。

第七十四条 民航安检机构设立单位的决策机构、主要负责人不能保证民航安检机构正常运行所必需资金投入，致使民航安检机构不具备运行条件的，由民航行政机关依据《中华人民共和国安全生产法》第九十条责令限期改正，提供必需的资金；逾期未改正的，责令停产停业整顿。

第七十五条 有下列情形之一的，由民航行政机关依据《中华人民共和国安全生产法》第九十四条责令民航安检机构设立单位改正，可以处五万元以下的罚款；逾期未改正的，责令停产停业整顿，并处五万元以上十万元以下的罚款，对其直接负责的主管人员和其他直接责任人员处一万元以上二万元以下的罚款：

（一）违反第十二条规定，未按要求开展培训工作或者未如实记录民航安检培训情况的；

（二）违反第十四、十五条规定，民航安全检查员未按要求经过培训并具备岗位要求的理论和技能水平，上岗执勤的；

（三）违反第二十四条规定，人员未按要求经过培训，从事民航安检设备使用验收检测、定期检测工作的；

（四）违反第六十一条规定，未按要求制定突发事件处置预案或者未定期实施演练的。

第七十六条 有下列情形之一的，由民航行政机关依据《中华人民共和国安全生产法》第九十六条责令民航安检机构设立单位限期改正，可以处五万元以下的罚款；逾期未改正的，处五万元以上二十万元以下的罚款，对其直接负责的主管人员和其他直接责任人员处一万元以上二万元以下的罚款；情节严重的，责令停产停业整顿：

（一）违反第二十一、二十二条规定，民航安检设备的安装、使用、检测、改造不符合国家标准或者行业标准的；

（二）违反本规则第二十二条规定，使用定期检测不合格的民航安检设备的；

（三）违反第二十二条规定，未按要求对民航安检设备进行使用验收、维护、定期检测的。

第七十七条 违反本规则有关规定，民航安检机构或者民航安检机构设立单位未采取措施消除安全隐患的，由民航行政机关依据《中华人民共和国安全生产法》第九十九条责令民航安检机构设立单位立即消除或者限期消除；民航安检机构设立单位拒不执行的，责令停产停业整顿，并处十万元以上五十万元以下的罚款，对其直接负责的主管人员和其他直接责任人员处二万元以上五万元以下的罚款。

第七十八条　违反本规则第六十九条规定，民航安检机构或者民航安检机构设立单位拒绝、阻碍民航行政机关依法开展监督检查的，由民航行政机关依据《中华人民共和国安全生产法》第一百零五条责令改正；拒不改正的，处二万元以上二十万元以下的罚款；对其直接负责的主管人员和其他直接责任人员处一万元以上二万元以下的罚款。

第七十九条　有下列情形之一的，由民航行政机关责令民航安检机构设立单位限期改正，处一万元以下的罚款；逾期未改正的，处一万元以上三万元以下的罚款：

（一）违反第八条规定，未设置专门的民航安检机构的；

（二）违反第十二条规定，未依法制定或者实施民航安检工作质量控制管理制度或者未如实记录质量控制工作情况的；

（三）违反第十三条规定，未根据实际适时调整民航安检工作运行管理手册的；

（四）违反第十四条第二款规定，未及时调离不适合继续从事民航安检工作人员的；

（五）违反第十八条规定，X射线安检仪操作检查员工作时间制度不符合要求的；

（六）违反第十九、二十条规定，未依法提供劳动健康保护的；

（七）违反第二十三条规定，未按规定上报民航安检设备信息的；

（八）违反第二十五条规定，未按照民航安检工作运行管理手册组织实施民航安检工作的；

（九）违反第二十八条规定，未在民航安检工作现场设置禁止拍照、摄像警示标识的；

（十）违反第六十二、六十三、六十四、六十五、六十六条规定，未按要求采取民航安检工作特殊情况处置措施的；

（十一）违反第六十七条规定，未按要求建立或者运行应急信息传递及报告程序或者未按要求记录应急信息的。

第八十条　违反第二十六条规定，公共航空运输企业、民用运输机场管理机构未按要求宣传、告知民航安检工作规定的，由民航行政机关责令限期改正，处一万元以下的罚款；逾期未改正的，处一万元以上三万元以下的罚款。

第八十一条　违反第三十九条第二款规定，公共航空运输企业未按要求向旅客通告特殊物品目录及批准程序或者未按要求与民航安检机构建立特殊物品和信息传递程序的，由民航行政机关责令限期改正，处一万元以下的罚款；逾期未改正的，处一万元以上三万元以下的罚款。

第八十二条　有下列情形之一的，由民航行政机关责令民用运输机场管理机构限期改正，可以处一万元以上三万元以下的罚款；逾期未改正的，处一万元以上三万元以下的罚款：

（一）违反第四十一条第二款规定，民用运输机场管理机构未按要求为旅客提供暂存服务的；

（二）违反第四十一条第三款规定，民用运输机场管理机构未按要求提供条件，保管或者处理旅客暂存、自弃、遗留物品的；

（三）违反第六十条第一款规定，民用运输机场管理机构未按要求履行监督检查管理职责的。

第八十三条　有下列情形之一的，由民航安检机构予以纠正，民航安检机构不履行职责的，由民航行政机关责令改正，并处一万元以上三万元以下的罚款：

（一）违反第十六条规定，民航安全检查员执勤时着装或者佩戴标志不符合要求的；

（二）违反第十七条规定，民航安全检查员执勤时从事与民航安检工作无关活动的；

（三）违反第五章第二、三、四节规定，民航安全检查员不服从管理，违反规章制度或者操作规程的。

第八十四条　有下列情形之一的，由民航行政机关的上级部门或者监察机关责令改正，并根据情节对直接负责的主管人员和其他直接责任人员依法给予处分：

（一）违反第十一条规定，未按要求审核民航安检机构运行条件或者提供虚假审核意见的；

（二）违反第六十八条规定，未按要求有效履行监督检查职能的；

（三）违反第七十条规定，未按要求建立民航安检工作违法违规行为信息库的；

（四）违反第七十一条规定，未按要求建立或者运行民航安检工作奖励制度的；

（五）违反第七十二条规定，未按要求建立或者运行民航安检工作违法违规行为举报制度的。

第八十五条　民航安检机构设立单位及民航安全检查员违规开展民航安检工作，造成安全事故的，按照国家有关规定追究相关单位和责任人员的法律责任。

第八十六条　违反本规则有关规定，行为构成犯罪的，依法追究刑事责任。

第八十七条　违反本规则有关规定，行为涉及民事权利义务纠纷的，依照民事权利义务法律法规处理。

第九章　附　　则

第八十八条　本规则下列用语定义：

（一）“民用运输机场”，是指为从事旅客、货物运输等公共航空运输活动的民用航空器提供起飞、降落等服务的机场。包括民航运输机场和军民合用机场的民用部分。

（二）“民用航空安全检查工作”，是指对进入民用运输机场控制区的旅客及其行李物品，其他人员、车辆及物品和航空货物、航空邮件等进行安全检查的活动。

（三）“航空货物”，是指除航空邮件、凭“客票及行李票”运输的行李、航空危险品外，已由或者将由民用航空运输的物品，包括普通货物、特种货物、航空快件、凭航空货运单运输的行李等。

（四）“航空邮件”，是指邮政企业通过航空运输方式寄递的信件、包裹等。

（五）“民航安全检查员”，是指持有民航安全检查员国家职业资格证书并从事民航安检工作的人员。

（六）“民航安检现场值班领导岗位管理人员”，是指在民航安检工作现场，负责民航安检勤务实施管理和应急处置管理工作的岗位。民航安检工作现场包括旅客人身及随身行李物品安全检查工作现场、托运行李安全检查工作现场、航空货邮安全检查工作现场、其他人员安全检查工作现场及民用运输机场控制区道口安全检查工作现场等。

（七）“旅客”，是指经公共航空运输企业同意在民用航空器上载运的除机组成员以外的任何人。

（八）“其他人员”，是指除旅客以外的，因工作需要，经安全检查进入机场控制区或者民用航空器的人员，包括但不限于机组成员、工作人员、民用航空监察员等。

（九）“行李物品”，是指旅客在旅行中为了穿着、使用、舒适或者方便的需要而携带的物品和其他个人财物。包括随身行李物品、托运行李。

（十）“随身行李物品”，是指经公共航空运输企业同意，由旅客自行负责照管的行李和自行携带的零星小件物品。

（十一）“托运行李”，是指旅客交由公共航空运输企业负责照管和运输并填开行李票的行李。

（十二）“液态物品”，包括液体、凝胶、气溶胶等形态的液态物品。其包括但不限于水和其他饮料、汤品、糖浆、炖品、酱汁、酱膏；盖浇食品或汤类食品；油膏、乳液、化妆品和油类；香水；喷剂；发胶和沐浴胶等凝胶；剃须泡沫、其他泡沫和除臭剂等高压罐装物品（例如气溶胶）；牙膏等膏状物品；凝固体合剂；睫毛膏；唇彩或唇膏；或室温下稠度类似的任何其他物品。

（十三）“重大危险源”，是指具有严重破坏能力且必须立即采取防范措施的物质。

（十四）“航空器安保检查”，是指对旅客可能已经进入的航空器内部的检查和对货舱的检查，目的在于发现可疑物品、武器、爆炸物或其他装置、物品和物质。

（十五）“航空器安保搜查”，是指对航空器内部和外部进行彻底检查，目的在于发现可疑物品、武器、爆炸物或其他危险装置、物品和物质。

第八十九条　危险品航空运输按照民航局危险品航空运输有关规定执行。

第九十条　在民用运输机场运行的公务航空运输活动的安全检查，由民航局另行规定。

第九十一条　在民用运输机场控制区以外区域进行的安全检查活动，参照本规则有关规定执行。

第九十二条　本规则自 2017 年 1 月 1 日起施行。1999 年 6 月 1 日起施行的《中国民用航空安全检查规则》（民航总局令第 85 号）同时废止。

附录2 中华人民共和国民用航空安全保卫条例

第一章 总 则

第一条 为了防止对民用航空活动的非法干扰，维护民用航空秩序，保障民用航空安全，制定本条例。

第二条 本条例适用于在中华人民共和国领域内的一切民用航空活动以及与民用航空活动有关的单位和个人。

在中华人民共和国领域外从事民用航空活动的具有中华人民共和国国籍的民用航空器适用本条例；但是，中华人民共和国缔结或者参加的国际条约另有规定的除外。

第三条 民用航空安全保卫工作实行统一管理、分工负责的原则。

民用航空公安机关（以下简称民航公安机关）负责对民用航空安全保卫工作实施统一管理、检查和监督。

第四条 有关地方人民政府与民用航空单位应当密切配合，共同维护民用航空安全。

第五条 旅客、货物托运人和收货人以及其他进入机场的人员，应当遵守民用航空安全管理的法律、法规和规章。

第六条 民用机场经营人和民用航空器经营人应当履行下列职责：

（一）制定本单位民用航空安全保卫方案，并报国务院民用航空主管部门备案；

（二）严格实行有关民用航空安全保卫的措施；

（三）定期进行民用航空安全保卫训练，及时消除危及民用航空安全的隐患。

与中华人民共和国通航的外国民用航空企业，应当向国务院民用航空主管部门报送民用航空安全保卫方案。

第七条 公民有权向民航公安机关举报预谋劫持、破坏民用航空器或者其他危害民用航空安全的行为。

第八条 对维护民用航空安全作出突出贡献的单位或者个人，由有关人民政府或者国务院民用航空主管部门给予奖励。

第二章 民用机场的安全保卫

第九条 民用机场（包括军民合用机场中的民用部分，下同）的新建、改建或者扩建，应当符合国务院民用航空主管部门关于民用机场安全保卫设施建设的规定。

第十条 民用机场开放使用，应当具备下列安全保卫条件：

（一）设有机场控制区并配备专职警卫人员；

（二）设有符合标准的防护围栏和巡逻通道；

（三）设有安全保卫机构并配备相应的人员和装备；

（四）设有安全检查机构并配备与机场运输量相适应的人员和检查设备；

（五）设有专职消防组织并按照机场消防等级配备人员和设备；

（六）订有应急处置方案并配备必要的应急救援设备。

第十一条　机场控制区应当根据安全保卫的需要，划定为候机隔离区、行李分拣装卸区、航空器活动区和维修区、货物存放区等，并分别设置安全防护设施和明显标志。

第十二条　机场控制区应当有严密的安全保卫措施，实行封闭式分区管理。具体管理办法由国务院民用航空主管部门制定。

第十三条　人员与车辆进入机场控制区，必须佩戴机场控制区通行证并接受警卫人员的检查。

机场控制区通行证，由民航公安机关按照国务院民用航空主管部门的有关规定制发和管理。

第十四条　在航空器活动区和维修区内的人员、车辆必须按照规定路线行进，车辆、设备必须在指定位置停放，一切人员、车辆必须避让航空器。

第十五条　停放在机场的民用航空器必须有专人警卫；各有关部门及其工作人员必须严格执行航空器警卫交接制度。

第十六条　机场内禁止下列行为：

（一）攀（钻）越、损毁机场防护围栏及其他安全防护设施；

（二）在机场控制区内狩猎、放牧、晾晒谷物、教练驾驶车辆；

（三）无机场控制区通行证进入机场控制区；

（四）随意穿越航空器跑道、滑行道；

（五）强行登、占航空器；

（六）谎报险情，制造混乱；

（七）扰乱机场秩序的其他行为。

第三章　民用航空营运的安全保卫

第十七条　承运人及其代理人出售客票，必须符合国务院民用航空主管部门的有关规定；对不符合规定的，不得售予客票。

第十八条　承运人办理承运手续时，必须核对乘机人和行李。

第十九条　旅客登机时，承运人必须核对旅客人数。

对已经办理登机手续而未登机的旅客的行李，不得装入或者留在航空器内。

旅客在航空器飞行中途中止旅行时，必须将其行李卸下。

第二十条　承运人对承运的行李、货物，在地面存储和运输期间，必须有专人监管。

第二十一条　配制、装载供应品的单位对装入航空器的供应品，必须保证其安全性。

第二十二条　航空器在飞行中的安全保卫工作由机长统一负责。

航空安全员在机长领导下，承担安全保卫的具体工作。

机长、航空安全员和机组其他成员，应当严格履行职责，保护民用航空器及其所载人员和财产的安全。

第二十三条　机长在执行职务时，可以行使下列权力：

（一）在航空器起飞前，发现有关方面对航空器未采取本条例规定的安全措施的，拒绝起飞；

（二）在航空器飞行中，对扰乱航空器内秩序，干扰机组人员正常工作而不听劝阻的人，采取必要的管束措施；

（三）在航空器飞行中，对劫持、破坏航空器或者其他危及安全的行为，采取必要的措施；

（四）在航空器飞行中遇到特殊情况时，对航空器的处置做最后决定。

第二十四条　禁止下列扰乱民用航空营运秩序的行为：

（一）倒卖购票证件、客票和航空运输企业的有效订座凭证；

（二）冒用他人身份证件购票、登机；

（三）利用客票交运或者捎带非旅客本人的行李物品；

（四）将未经安全检查或者采取其他安全措施的物品装入航空器。

第二十五条　航空器内禁止下列行为：

（一）在禁烟区吸烟；

（二）抢占座位、行李舱（架）；

（三）打架、酗酒、寻衅滋事；

（四）盗窃、故意损坏或者擅自移动救生物品和设备；

（五）危及飞行安全和扰乱航空器内秩序的其他行为。

第四章　安 全 检 查

第二十六条　乘坐民用航空器的旅客和其他人员及其携带的行李物品，必须接受安全检查；但是，国务院规定免检的除外。

拒绝接受安全检查的，不准登机，损失自行承担。

第二十七条　安全检查人员应当查验旅客客票、身份证件和登机牌，使用仪器或者手工对旅客及其行李物品进行安全检查，必要时可以从严检查。

已经安全检查的旅客应当在候机隔离区等待登机。

第二十八条　进入候机隔离区的工作人员（包括机组人员）及其携带的物品，应当接受安全检查。

接送旅客的人员和其他人员不得进入候机隔离区。

第二十九条　外交邮袋免予安全检查。外交信使及其随身携带的其他物品应当接受安全检查；但是，中华人民共和国缔结或者参加的国际条约另有规定的除外。

第三十条　空运的货物必须经过安全检查或者对其采取的其他安全措施。

货物托运人不得伪报品名托运或者在货物中夹带危险物品。

第三十一条　航空邮件必须经过安全检查。发现可疑邮件时，安全检查部门应当会同邮政部门开包查验处理。

第三十二条　除国务院另有规定的外，乘坐民用航空器的，禁止随身携带或者交运下列物品：

（一）枪支、弹药、军械、警械；

（二）管制刀具；

（三）易燃、易爆、有毒、腐蚀性、放射性物品；

（四）国家规定的其他禁运物品。

第三十三条　除本条例第三十二条规定的物品外，其他可以用于危害航空安全的物品，旅客不得随身携带，但是可以作为行李交运或者按照国务院民用航空主管部门的有关规定由机组人员带到目的地后交还。

对含有易燃物质的生活用品实行限量携带。限量携带的物品及其数量，由国务院民用航空主管部门规定。

第五章　罚　　则

第三十四条　违反本条例第十四条的规定或者有本条例第十六条、第二十四条第一项、第二十五条所列行为，构成违反治安管理行为的，由民航公安机关依照《中华人民共和国治安管理处罚法》有关规定予以处罚；有本条例第二十四条第二项所列行为的，由民航公安机关依照《中华人民共和国居民身份证法》有关规定予以处罚。

第三十五条　违反本条例的有关规定，由民航公安机关按照下列规定予以处罚：

（一）有本条例第二十四条第四项所列行为的，可以处以警告或者3000元以下的罚款；

（二）有本条例第二十四条第三项所列行为的，可以处以警告、没收非法所得或者5000元以下罚款；

（三）违反本条例第三十条第二款、第三十二条的规定，尚未构成犯罪的，可以处以5000元以下罚款、没收或者扣留非法携带的物品。

第三十六条　违反本条例的规定，有下列情形之一的，民用航空主管部门可以对有关单位处以警告、停业整顿或者5万元以下的罚款；民航公安机关可以对直接责任人员处以警告或者500元以下的罚款：

（一）违反本条例第十五条的规定，造成航空器失控的；

（二）违反本条例第十七条的规定，出售客票的；

（三）违反本条例第十八条的规定，承运人办理承运手续时，不核对乘机人和行李的；

（四）违反本条例第十九条的规定的；

（五）违反本条例第二十条、第二十一条、第三十条第一款、第三十一条的规定，对收运、装入航空器的物品不采取安全措施的。

第三十七条　违反本条例的有关规定，构成犯罪的，依法追究刑事责任。

第三十八条　违反本条例规定的，除依照本章的规定予以处罚外，给单位或者个人造成财产损失的，应当依法承担赔偿责任。

第六章　附　　则

第三十九条　本条例下列用语的含义：

“机场控制区”，是指根据安全需要在机场内划定的进出受到限制的区域。

“候机隔离区”，是指根据安全需要在候机楼（室）内划定的供已经安全检查的出港旅客等待登机的区域及登机通道、摆渡车。

“航空器活动区”，是指机场内用于航空器起飞、着陆以及与此有关的地面活动区域，包括跑道、滑行道、联络道、客机坪。

第四十条　本条例自发布之日起施行。

附录 3　民航旅客限制随身携带或托运物品目录

一、民航旅客限制随身携带或托运物品

民航局发布了《民航旅客禁止随身携带和托运物品目录》和《民航旅客限制随身携带或托运物品目录》的公告。公告提出，类似板球球拍、球棒、弹弓、胡椒喷雾剂等物品只能作为行李托运，而不能随身带上飞机。此外，充电宝、锂电池等禁止作为行李托运，旅客随身携带时也有限定条件，标识全面清晰、额定能量小于或等于 100Wh（瓦特小时）；当额定能量大于 100Wh、小于或等于 160Wh 时必须经航空公司批准且每人限带两块。

对随身携带或者托运属于国家法律法规规定的危险品、违禁品和管制物品的旅客，构成违反治安管理行为的，由公安机关依法处理；构成犯罪的，依法追究刑事责任。对在随身携带或者托运物品中故意藏匿除国家法律法规规定以外属于民航禁止、限制运输物品的旅客，构成扰乱民航秩序行为的，由公安机关依法处理。

液态物品行李托运有详细规定：对于液态物品，则规定如果旅客乘坐国际、地区航班时，液态物品应盛放在单体容器容积不超过 100mL 的容器内随身携带，盛放液态物品的容器应置于最大容积不超过 1L、可重新封口的透明塑料袋中，每名旅客每次仅允许携带一个透明塑料袋，超出部分应作为行李托运。旅客乘坐国内航班时，液态物品禁止随身携带（航空旅行途中自用的化妆品、牙膏及剃须膏除外）。航空旅行途中自用的化妆品必须同时满足三个条件（每种限带一件、盛放在单体容器容积不超过 100mL 的容器内、接受开瓶检查）方可随身携带，牙膏及剃须膏每种限带一件且不得超过 100g（mL）。

此外，如果是买了酒要乘坐飞机，当酒精饮料作为行李托运时，每个容器容积不得超过 5L；酒精的体积百分含量小于或等于 24%时，托运数量不受限制；酒精的体积百分含量大于 24%、小于或等于 70%时，每位旅客托运数量不超过 5L。

二、国际航班手提行李携带液体、喷雾剂和发胶的安检新规定

手提行李中的液体、喷雾剂或发胶容器，大小必须等于或小于 100mL。所有容器必

须密封装入容量为 1L 的透明塑料袋中，每人限带一个塑料袋。允许旅客使用容量为 1L 或以下的自封袋。

抵达安检处时，必须交出仍随身携带的超过 100mL 的任何液体、喷雾剂和发胶，包括免税商品。整理出准备随携带上机的液体、喷雾剂和发胶，前往机场前应做好准备。准备装入手提行李中的液体、喷雾剂和发胶，必须装入容量等于或小于 100mL 的容器内(重量约等于 100g)。超过 100mL 的容器应装入托运行李包或不带走。容量超过 100mL 的半满容器不能携带。

请把准备放在手提行李中的容器装入透明的自封塑料袋里。塑料袋容量不得超过 1L，即大约为 20cm×20cm 或 15cm×25cm。塑料袋装满物品后，应封好塑料袋。若不容易封好，应拿掉一些物品，每人仅限携带一个塑料袋。请把塑料袋放在手提行李中容易拿到的地方。塑料袋要出示给安检人员检查。应单独把塑料袋出示给安检人员检查。

抵达安检处时，必须交出仍然携带的超过 100mL 的任何液体、喷雾剂和发胶，包括免税商品。这些旅客自弃物品将被销毁。

需携带药品登机的证明，将处方上的名字与登机牌作比对。

处方药仍可携带通过安检处。旅客可携带需在航班上使用的婴儿用品和处方药，但要求出示需求证明。

新规定还将在安检流程中新增随机搜身检查。

这些规定同样适用于在国际机场转机的旅客。

三、民航旅客禁止随身携带和托运物品目录

（一）枪支等武器（包括主要零部件）

能够发射弹药（包括弹丸及其他物品）并造成人身严重伤害的装置或者可能被误认为是此类装置的物品，主要包括：

（1）军用枪、公务用枪，如手枪、步枪、冲锋枪、机枪、防暴枪；

（2）民用枪，如气枪、猎枪、射击运动枪、麻醉注射枪；

（3）其他枪支，如道具枪、发令枪、钢珠枪、境外枪支以及各类非法制造的枪支；

（4）上述物品的仿真品。

（二）爆炸或者燃烧物质和装置

能够造成人身严重伤害或者危及航空器安全的爆炸或燃烧装置（物质）或者可能被误认为是此类装置（物质）的物品，主要包括：

（1）弹药，如炸弹、手榴弹、照明弹、燃烧弹、烟幕弹、信号弹、催泪弹、毒气弹、子弹（铅弹、空包弹、教练弹）；

（2）爆破器材，如炸药、雷管、引信、起爆管、导火索、导爆索、爆破剂；

（3）烟火制品，如烟花爆竹、烟饼、黄烟、礼花弹；

（4）上述物品的仿真品。

（三）管制器具

能够造成人身伤害或者对航空安全运输秩序构成较大危害的管制器具，主要包括：

（1）管制刀具，如匕首（带有刀柄、刀格和血槽，刀尖角度小于 60 度的单刃、双刃或多刃尖刀）、三棱刮刀（具有三个刀刃的机械加工刀具）、带有自锁装置的弹簧刀或跳刀（刀身展开或弹出后，可被刀柄内的弹簧或卡锁固定自锁的折叠刀具）、其他相类似的单刃双刃三棱尖刀（刀尖角度小于 60 度刀身长度超过 150 毫米的各类单刃、双刃、多刃刀具）以及其他刀尖角度大于 60 度刀身长度超过 220 毫米的各类单刃、双刃、多刃刀具；

（2）军警械具，如警棍、警用电击器、军用或警用的匕首、手铐、拇指铐、脚镣、催泪喷射器；

（3）其他属于国家规定的管制器具，如弩。

（四）危险物品

能够造成人身伤害或者对航空安全和运输秩序构成较大危害的危险物品，主要包括：

（1）压缩气体和液化气体，如氢气、甲烷、乙烷、丁烷、天然气、乙烯、丙烯、乙炔（溶于介质的）、一氧化碳、液化石油气、氟利昂、氧气、二氧化碳、水煤气、打火机燃料及打火机用液化气体；

（2）自燃物品，如黄磷、白磷、硝化纤维（含胶片）、油纸及其制品；

（3）遇湿易燃物品，如金属钾、钠、锂、碳化钙（电石）、镁铝粉；

（4）易燃液体，如汽油、煤油、柴油、苯、乙醇（酒精）、丙酮、乙醚、油漆、稀料、松香油及含易燃溶剂制品；

（5）易燃固体，如红磷、闪光粉、固体酒精、赛璐珞、发泡剂；

（6）氧化剂和有机过氧化物，如高锰酸钾、氯酸钾、过氧化钠、过氧化钾、过氧化铅、过醋酸①、双氧水②；

（7）毒害品，如氰化物、砒霜、剧毒农药等剧毒化学品；

（8）腐蚀性物品，如硫酸、盐酸、硝酸、氢氧化钠、氢氧化钾、汞（水银）；

（9）放射性物品，如放射性同位素。

（五）其他物品

其他能够造成人身伤害或者对航空安全和运输秩序构成较大危害的物品，主要包括：

（1）传染病病原体，如乙肝病毒、炭疽杆菌、结核杆菌、艾滋病病毒；

（2）火种（包括各类点火装置），如打火机、火柴、点烟器、镁棒（打火石）；

---

① 过醋酸，学名为过氧乙酸。

② 双氧水，学名为过氧化氢。

（3）额定能量超过 160Wh 的充电宝、锂电池（电动轮椅使用的锂电池另有规定）；

（4）酒精体积百分含量大于 70%的酒精饮料；

（5）强磁化物、有强烈刺激性气味或者容易引起旅客恐慌情绪的物品以及不能判明性质可能具有危险性的物品。

（六）国家法律、行政法规、规章规定的其他禁止运输的物品

四、民航旅客限制随身携带和托运物品目录

（一）禁止随身携带但可以作为行李托运的物品

1. 锐器

该类物品带有锋利边缘或者锐利尖端，由金属或其他材料制成的、强度足以造成人身严重伤害的器械，主要包括：

（1）日用刀具（刀刃长度大于 6 厘米），如菜刀、水果刀、剪刀、美工刀、裁纸刀；

（2）专业刀具（刀刃长度不限），如手术刀、屠宰刀、雕刻刀、刨刀、铣刀；

（3）用作武术文艺表演的刀、矛、剑、戟等。

2. 钝器

该类物品不带有锋利边缘或者锐利尖端，由金属或其他材料制成的、强度足以造成人身严重伤害的器械，主要包括：

棍棒（含伸缩棍、双节棍）、球棒、桌球杆、板球球拍、曲棍球杆、高尔夫球杆、登山杖、滑雪杖、指节铜套（手钉）。

3. 其他

其他能够造成人身伤害或者对航空安全和运输秩序构成较大危害的物品，主要包括：

（1）工具，如钻机（含钻头）、凿、锥、锯、螺栓枪、射钉枪、螺丝刀、撬棍、锤、钳、焊枪、扳手、斧头、短柄小斧（太平斧）、游标卡尺、冰镐、碎冰锥；

（2）其他物品，如飞镖、弹弓、弓、箭、蜂鸣自卫器以及不在国家规定管制范围内的电击器、梅斯气体、催泪瓦斯、胡椒辣椒喷剂、酸性喷雾剂、驱虫动物喷剂等。

（二）随身携带或者作为行李托运有限定条件的物品

1. 随身携带有限定条件但可以作为行李托运的物品

（1）旅客乘坐国际、地区航班时，液态物品应当盛放在单体容器容积不超过 100mL 的容器内随身携带，与此同时盛放液态物品的容器应置于最大容积不超过 1L、可重新封口的透明塑料袋中，每名旅客每次仅允许携带一个透明塑料袋，超出部分应作为行李托运；

（2）旅客乘坐国内航班时，液态物品禁止随身携带（航空旅行途中自用化妆品、牙膏及剃须膏除外）。航空旅行途中自用的化妆品必须同时满足三个条件（每种限带一件、盛放在单体容器不超过 100mL 的容器内、接受开瓶检查）方可携带，牙膏及剃须膏每种限带一件且不得超过 100g（mL）。旅客在同一机场控制区内由国际、地区航班转乘国内航班时，其随身携带入境的免税液态物品必须同时满足三个条件（出示购物凭证、置于已封口且完好无损的透明塑料袋中、经安全检查确认）方可随身携带，如果在转乘国内航班过程中离开机场控制区则必须将随身携带入境的免税液态物品作为行李托运；

（3）婴儿航空旅行途中必需的液态乳制品、糖尿病或者其他疾病患者航空旅行途中必需的液态药品，经安全检查确认后方可随身携带；

（4）旅客在机场控制区、航空器内购买或者取得的液态物品在离开机场控制区之前可以随身携带。

2. 禁止随身携带但作为行李托运有限定条件的物品

酒精饮料禁止随身携带，作为行李托运时有以下限定条件：

（1）标识全面清晰且置于零售包装内，每个容器容积不得超过 5L；

（2）酒精的体积百分含量小于或等于 24%时，托运数量不受限制；

（3）酒精的体积百分含量大于 24%、小于或等于 70%时，每位旅客托运数量不超过 5L。

3. 禁止作为行李托运且随身携带有限定条件的物品

充电宝、锂电池禁止作为行李托运，随身携带时有以下限定条件（电动轮椅使用的锂电池另有规定）：

（1）标识全面清晰，额定能量小于或等于 100Wh；

（2）当额定能量大于 100Wh、小于或等于 160Wh 时必须经航空公司批准且每人限带两块。

（三）国家法律、行政法规、规章规定的其他限制运输的物品

参 考 文 献

国务院，1996．中华人民共和国民用航空安全保卫条例[R/OL]．(1996-07-06)[2018-12-19]. http://www.caac.gov.cn/XXGK/XXGK/ ZFGW/201601/P020160203395083637854.pdf.

劳动和社会保障部，2005．民航安全检查员国家职业标准[R/OL]．(2005-07-01)[2018-12-19]. http://r.cnki.net/knavi/standard/Detail/CVSD/HB504556440014?NaviID=2.

刘存绪，2021．民航安全检查[M]．成都：四川大学出版社．

全国人民代表大会常务委员会，1995．中华人民共和国民用航空法[R/OL]．(1995-10-30)[2018-12-19]. http://www.npc.gov.cn/npc/ xinwen/2017-11/28/content_2032728.htm.

中国民用航空局，2016．中国民用航空安全检查规则[R/OL]．(2016-10-28)[2018-12-19]. http://www.caac.gov.cn/XXGK/XXGK/MHGZ/201610/t20161028_40361.html.